westermann

W0345695

MEDIEN WELTEN Projekte

ENTDECKEN – VERSTEHEN – GESTALTEN

Erarbeitet von
Christoph Deeg
Helen Gruber
Gregor Hochstetter
Alexander König
Florian Nuxoll
Thomas Rudel
Julia Sonntag

Herausgegeben von
Florian Nuxoll

ARBEITSHEFT

Bildquellen

|Devlin, Clare, Köln: 24.4. |fotolia.com, New York: Scanrail 12.1; Tsung-Lin Wu 22.1. |Hagendorff, Thilo: privat 53.1. |iStockphoto.com, Calgary: chanakon laorob 32.1, 63.4; diego_cervo 28.4; funky-data 12.2; milindri 63.2; mixetto Titel; MomentousPhotoVideo 63.3; Ryan, Chris 22.3; Surdu, Mihai 46.1. |Kost, Julia, Stuttgart: Niels Keller 24.2. |McBriarty, Connor, Oldenburg: 63.1, 63.5, 63.6, 63.7. |Richtig Cool GmbH, Berlin: Wittig, Johanna 24.3. |Shutterstock.com, New York: Dziurek 36.3; Jackson, Brian A 12.4; JasminkaM 28.3; oneinchpunch 36.4; Pasquini, Phil 43.2. |stock.adobe.com, Dublin: artmim 36.6; Christian Horz 45.1; Daxiao Productions 24.1; dihard 41.2; dimazel 43.1; fotomek 52.2; gomixer 39.1; halayalex 34.2; Happy Art 4.4; iconimage 12.3; Kokulina, Maria 4.9; M.studio 36.5; M. Style 4.1, 4.2, 4.3, 4.5, 4.6, 4.7, 4.8; makistock 34.1; Maksymiv Iurii 28.1; Myst 28.6; olezzo 28.5; panuwat 32.2, 57.1; Popov, Andrey 21.1; Rochau, Alexander 36.1; ronstik 28.2; thodonal 22.2; Urupong 41.1; Vasyl 36.2; vegefox.com 52.1.

Digital+

Digitale Ergänzungen zu diesem Arbeitsheft erkennst du an dem Symbol Digital+.

Gehe auf www.westermann.de/webcode und gib den gewünschten Webcode in das Suchfeld ein oder scanne einfach den entsprechenden QR-Code.

Medienwelten

Materialien für Schüler/-innen

- Arbeitsheft 1 (ISBN 978-3-425-04548-1)
- Interaktive Übungen 1 (WEB-425-04571)
- Arbeitsheft 2 (ISBN 978-3-425-04550-4)
- Interaktive Übungen 2 (WEB-425-04573)
- Arbeitsheft 3 (ISBN 978-3-425-04553-5)
- Interaktive Übungen 3 (WEB-425-04575)

Materialien für Lehrkräfte

- Lehrerhandreichungen 1 (ISBN 978-3-425-04549-8)
- Lehrerhandreichungen 2 (ISBN 978-3-425-04551-1)
- Lehrerhandreichungen 3 (ISBN 978-3-425-04554-2)

Weiterführende Informationen und Service-Angebote zur Medienbildung finden Sie unter www.westermann.de/medienbildung.

© 2023 Westermann Bildungsmedienverlag, Georg-Westermann-Allee 66, 38104 Braunschweig
www.westermann.de

Das Werk und seine Teile sind urheberrechtlich geschützt. Jede Nutzung in anderen als den gesetzlich zugelassenen bzw. vertraglich zugestandenen Fällen bedarf der vorherigen schriftlichen Einwilligung des Verlages. Nähere Informationen zur vertraglich gestatteten Anzahl von Kopien finden Sie auf www.schulbuchkopie.de.

Für Verweise (Links) auf Internet-Adressen gilt folgender Haftungshinweis: Trotz sorgfältiger inhaltlicher Kontrolle wird die Haftung für die Inhalte der externen Seiten ausgeschlossen. Für den Inhalt dieser externen Seiten sind ausschließlich deren Betreiber verantwortlich. Sollten Sie daher auf kostenpflichtige, illegale oder anstößige Inhalte treffen, so bedauern wir dies ausdrücklich und bitten Sie, uns umgehend per E-Mail davon in Kenntnis zu setzen, damit beim Nachdruck der Verweis gelöscht wird.

Druck A4 / Jahr 2023
Alle Drucke der Serie A sind inhaltlich unverändert.

Redaktion: Nathalie Heiniger, Isabel Klein
Umschlaggestaltung: LIO Design GmbH, Braunschweig
Illustrationen: Helen Gruber, Vechta
Layout: Anna-Maria Klages, Wuppertal
Druck und Bindung: Westermann Druck GmbH, Georg-Westermann-Allee 66, 38104 Braunschweig

ISBN 978-3-425-**04555**-9

Aus Daten wird Wissen! – Erstellung eines Infoblatts

Was erwartet dich?

In diesem Projekt lernst du ...
- das Medium „Infoblatt“ kennen.
- welche Bestandteile ein Infoblatt hat und wie du sie selbst gestalten kannst.
- wie du ein Infoblatt mithilfe digitaler Tools selbst erstellst.

Mediennutzung in der Freizeit

Tägliche mediale Aktivitäten der 12- bis 19-Jährigen im Jahr 2020 (in Prozent):

Smartphone	Internet	Musik hören	Videos im Internet	Fernsehen
93 %	**89 %**	**80 %**	**66 %**	**45 %**

Weitere Nennungen

41 % digitale Spiele
37 % Radio
35 % Video-Streaming-Dienste
21 % Tablet
15 % Bücher (gedruckt)

Quelle: JIM-Studie 2020 (Befragung von 1200 Jugendlichen in Deutschland zwischen 12 und 19 Jahren)

Was ist ein Infoblatt?

Ein Infoblatt ist eine visualisierte (= veranschaulichte) Darstellung von Informationen. Ein Infoblatt nimmt maximal den Platz eines A4-Blattes ein. Typische Kennzeichen eines Infoblattes sind die gegliederte, themen- und problemorientierte Darstellung von Informationen.

Auf jedem Infoblatt findet sich ein Titel (der uns sagt, worum es geht), meist gibt es auch noch einen Untertitel. Zu den wichtigen Elementen der Infoblätter gehören Textkästen, Formen, Pfeile und grafische Zeichen (z.B. Ikons, Piktogramme, Symbole) sowie Bildmaterialien wie Fotos. Grafische Zeichen und Bilder dienen dabei der Veranschaulichung. Pfeile können Verbindungen zwischen den einzelnen Elementen herstellen und sie „vernetzen“. Durch das Zusammenspiel von Texten und bildlichen Darstellungen werden Informationen vermittelt.

Infoblätter können mit jedem Textverarbeitungsprogramm erstell werden. Hierfür haben die Programme verschiedene Funktionen.

1 a) Lies den Informationstext durch. Zähle alle Elemente eines Infoblatts auf.

b) Sieh dir das Infoblatt auf Seite 4 an. Benenne die einzelnen Elemente des Infoblatts.

c) Bewerte das Infoblatt anhand der Kriterien unten. Tausche dich danach mit deiner Nachbarin/deinem Nachbarn aus.

Kriterium	trifft zu	trifft eher zu	trifft weniger zu	trifft nicht zu
Der äußere Aufbau ist gelungen.	☐	☐	☐	☐
Die Darstellung/das Layout ist übersichtlich.	☐	☐	☐	☐
Der innere Aufbau ist logisch.	☐	☐	☐	☐
Die Informationen sind vollständig.	☐	☐	☐	☐
Das Infoblatt ist verständlich.	☐	☐	☐	☐
Verknüpfungen werden deutlich.	☐	☐	☐	☐
Die Visualisierungen sind kreativ.	☐	☐	☐	☐

d) Wie gefällt dir das Infoblatt? Formuliere dein Feedback kurz in eigenen Worten aus.
Du kannst auch darauf eingehen, was du anders machen würdest.

e) Wofür kann man Infoblätter einsetzen? Tauscht euch in einer Gruppe oder der Klasse aus.

Grafische Zeichen

2 a) Es gibt verschiedene Arten grafischer Zeichen. Lies den Infotext und markiere wichtige Wörter.

das Ikon
Das englische Wort *icon* bedeutet „Sinnbild". Ein Ikon stellt ein grafisches Zeichen dar, das einem Gegenstand aus der realen Welt ähnlich sieht. Im digitalen Bereich werden Ikons zur Gestaltung von Benutzeroberflächen verwendet. Ein bekanntes Ikon ist z. B. der Papierkorb. Bei einem Blick auf ein Smartphone oder eine Smartwatch sieht man zahlreiche Ikons.

das Piktogramm
Ein Piktogramm ist ein auf Grundformen reduziertes Zeichen. Zur Darstellung werden einfache Formen wie Linien, Kreise, Rechtecke oder Dreiecke verwendet. Piktogramme sind international verständlich und müssen schnell entschlüsselt werden können. Sie werden u. a. an Bahnhöfen und Flughäfen, als Verkehrszeichen oder Sicherheitssymbole im Chemiebereich eingesetzt.

das Symbol
Ein Symbol ist ein grafisches Zeichen, dessen Bedeutung von uns erlernt werden muss. Symbole sind meist sehr abstrakt und weisen keine Ähnlichkeit zu einem Gegenstand in der realen Welt auf.

b) Für welche Art grafischer Zeichen gelten diese Aussagen? Kreuze an. Es sind manchmal mehrere Antworten richtig.

Aussage	Ikon	Piktogramm	Symbol
Die Bedeutung muss erlernt werden.	☐	☐	☐
Die Bedeutung kann entschlüsselt werden.	☐	☐	☐
Benutzeroberflächen werden damit gestaltet.	☐	☐	☐
Es besteht aus einfachen Formen, wie z.B. Kreisen.	☐	☐	☐
Es gibt keine Ähnlichkeit zu realen Gegenständen.	☐	☐	☐

3 a) Sieh dir die verschiedenen Zeichen an. Schreibe die richtigen Bezeichnungen darunter: Ikon, Piktogramm oder Symbol.

__________ __________ __________ __________

b) Überlege, welche Bedeutung die Zeichen haben könnten.

c) Zeichne weitere Ikons, Piktogramme und Symbole auf ein Blatt Papier. Beschrifte sie mit ihrer Bedeutung. Tausche anschließend mit einem/einer Partner/in und tauscht euch über eure grafischen Zeichen aus.

Pfeile als Symbole

Auf einem Infoblatt ist es manchmal hilfreich, wenn die verwendeten grafischen Zeichen in einer Beziehung zueinander stehen. Hierfür eignen sich Pfeile. In der Tabelle findest du ein paar Beispiele, welche Beziehungen durch Pfeile dargestellt werden können:

Beziehung	**Bedeutung**
	Es sind die Eltern der Kinder.
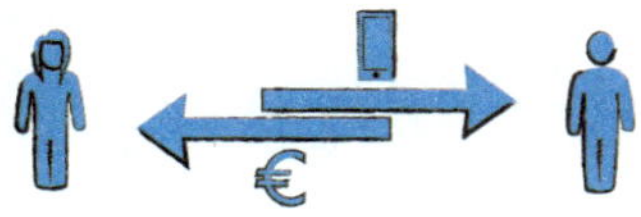	Der Mann kauft von der Frau ein Smartphone.
	Es gibt Streit zwischen den beiden.
	Die beiden sind verliebt ineinander.

4 Lies die Zusammenfassung des Märchens „Rotkäppchen“. Stelle die Beziehungen zwischen den Figuren aus dem Märchen mithilfe von Pfeilen dar. Zeichne sie in das Schaubild mit den Namen. Tipp: Du kannst die Pfeile zusätzlich auch noch mit einem Wort beschriften.

„Rotkäppchen“ ist ein Märchen der Gebrüder Grimm, welches von einem Mädchen handelt, das immer ein rotes Käppchen trägt. Als sie eines Tages zu ihrer Großmutter laufen möchte, begegnet sie einem bösen Wolf. Er möchte Rotkäppchen und die Großmutter gerne fressen und schmiedet hierfür einen Plan. Er geht zunächst zur Großmutter und frisst sie. Er zieht ihre Kleider an und legt sich in ihr Bett. Rotkäppchen erkennt den Wolf nicht, als sie bei ihrer Großmutter ankommt, und wird von ihm gefressen.

Der Wolf schläft ein und schnarcht dabei sehr laut. Das Schnarchen fällt dem Jäger auf, der gerade in der Nähe ist und sich vornimmt, einmal nach der Großmutter zu sehen. Er entdeckt den schlafenden Wolf und schneidet ihm den Bauch auf. So kann er Rotkäppchen und ihre Großmutter gerade noch retten. Sie füllen den Bauch des Wolfs mit Steinen. Als der Wolf aufwacht und aufstehen möchte, kommt er so zu Tode.

Rotkäppchen

böser Wolf

Großmutter

Jäger

Eigene Zeichen entwickeln

5 Ersetze die Namen der Figuren in dem Schaubild nun durch Ikons oder Piktogramme. In dem Kasten unten findest du ein paar Beispiele. Du kannst auch im Internet nach weiteren Bildern suchen, indem du in einer Suchmaschine „[Objekt] + Ikon“ oder „[Objekt] + Piktogramm“ eingibst und auf die Bildersuche klickst.

Beispiele

Hier kannst du das Schaubild mit deinen eigenen grafischen Zeichen einzeichnen:

Anleitung zur Infoblatterstellung

6 a) Fülle den Lückentext aus, indem du die richtigen Wörter aus dem Kasten auswählst.

Schriftfarbe	**Formen**	**Reihenfolge**
Querformat	**Hochformat**	**Titel**
Untertitel	**Pfeilen**	**grafische Zeichen**

Auf einem Infoblatt werden Inhalte anschaulich dargestellt. Es hat normalerweise eine Größe von maximal einem A4-Blatt. Es gibt zwei Formate, die du für dein Infoblatt wählen kannst: 1. das ____________________ (die Höhe ist größer als die Breite) oder 2. das ____________________ (die Breite ist größer als die Höhe).

Jedes Infoblatt trägt einen hervorgehobenen ____________________, der das Thema kurz und knapp benennt.

Ein ____________________ stellt weitere Informationen bereit. Er ist etwas kleiner und steht direkt unter dem Titel.

Die einzelnen Inhalte sind auf dem Infoblatt strukturiert, d. h. in eine sinnvolle ____________________ gebracht.

Sie können z. B. mithilfe von ____________________ miteinander vernetzt werden. Die Textelemente sollten zusätzlich visualisiert werden. Hierfür kann man ____________________ (z. B. Ikons, Piktogramme oder Symbole) verwenden. Ebenso kann man ____________________ wie Kreise oder Quadrate einfügen, um das Infoblatt zu gliedern und ansprechend zu gestalten.

Um etwas hervorzuheben, kann man eine andere ____________________ verwenden.

b) Sieh dir noch einmal das Infoblatt auf Seite 4 an. Benenne und beschreibe die einzelnen Elemente mündlich.

Ein Infoblatt digital erstellen

7 Es gibt verschiedene Textverarbeitungsprogramme. Ihre Grundfunktionen sind ähnlich. Öffne dein Textverarbeitungsprogramm. Suche im Menü die Funktionen 1-8.

1. **Layout festlegen**
Stelle ein Hoch- oder ein Querformat ein.

2. **Schriftart**
Wähle eine Schriftart aus, die zum Thema passt.

3. **Schriftgröße**
Überlege, welche Schriftgröße du für den Titel, die Textelemente usw. verwendest.

4. **Schriftfarbe**
Wähle eine passende Schriftfarbe aus. Sie sollte zum Thema passen.

5. **Bilder einfügen**
Du solltest Bilder einfügen, um die Inhalte zu veranschaulichen.

6. **Pfeile und Formen**
Mithilfe von Pfeilen und Formen kannst du Verbindungen herstellen.

7. **Ausrichtung**
Überlege dir, wie du die einzelnen Elemente ausrichten möchtest (z.B. linksbündig).

8. **Formatierung**
Du kannst Elemente mit Kursiv-/Fettdruck oder Unterstreichung hervorheben.

Ein Infoblatt erstellen

P Lies den Text unten durch. Stelle dir vor, du bist an deiner Schule Medienscout und möchtest jüngere Schülerinnen und Schüler zum Thema „Werbung in sozialen Medien durch Influencer/-innen" informieren.
Überlege dir mithilfe des Textes, was man über Werbung in sozialen Medien durch Influencer/-innen wissen sollte. Erstelle hierfür ein Infoblatt mit einem Textverarbeitungsprogramm deiner Wahl. Du kannst dir dazu auch ein Erklärvideo ansehen. Video: WES-04555-001

Tipp: Markiere im Text zunächst wichtige Informationen und fasse sie kurz in Stichpunkten zusammen (z. B. auf einem Notizzettel). Anschließend kannst du dir über den Aufbau deines Infoblatts Gedanken machen und dir passende Visualisierungen überlegen.

Werbung in sozialen Medien

Der Begriff „Influencer" kommt aus dem Englischen (*to influence*) und bedeutet „beeinflussen". Damit sind Personen gemeint, die auf sozialen Medien sehr viele Follower* haben und deswegen mit Werbung für bestimmte Produkte Geld verdienen können. Die Stars präsentieren sich meist selbst innerhalb von persönlichen Profilen. Anhand von Videos, Fotos oder Stories berichten sie von ihrem alltäglichen Leben und werben für bestimmte Produkte. In diesem Zusammenhang spricht man auch von Influencer-Marketing, eine besondere Form der Online-Werbung für Produkte.

Wie lassen wir uns beeinflussen?

Influencer/-innen nutzen verschiedene Strategien, um über soziale Medien Werbung zu machen. Die Kooperation eines Influencers/einer Influencerin mit einem Unternehmen nennt man „Sponsoring". Es kommt heutzutage sehr häufig vor. Die Influencer/-innen arbeiten mit Unternehmen zusammen und werden von ihnen bezahlt, um ihre Produkte zu bewerben. Die Reichweite und den Einfluss von Influencer/-innen machen sich die Unternehmen zu Nutze, um eine Marke oder ein Produkt bei einer bestimmten Zielgruppe schnell und effektiv bekannt zu machen.
Zu einer weiteren häufig eingesetzten Beeinflussungsstrategie zählt die Produktplatzierung. In einem Video auf Social Media taucht ein bestimmtes Produkt einer Marke auf. In einem Produkttest testet der Influencer/die Influencerin das Produkt und berichtet nur Positives darüber.
Im sogenannten „Storytelling" erzählt er/sie dir eine Geschichte, in der das Produkt im Zentrum steht. Dadurch entsteht ein Werbevideo für das Produkt.
Bei der Verlinkung setzen Influencer/-innen gezielt Links z. B. in die Infobox unter ihrem Video oder in die Story*, die direkt zu den Seiten führen, auf denen man die beworbenen Produkte kaufen kann. Dabei erhalten sie einen Anteil am Gewinn, wenn jemand ein Produkt über den Link aufruft und kauft. Die Links sind zusätzlich häufig mit einem zeitlich begrenzten Rabatt-Code für ein Produkt in einer Story zu finden.

Wie kannst du dich schützen?

Die Werbeanzeigen sind quasi überall! Umso wichtiger ist es, dass wir wissen, wie wir uns vor Beeinflussungsversuchen schützen können. Informiere dich selbst über das Produkt und vertraue nicht blind den Empfehlungen deines Lieblingsstars auf den sozialen Netzwerken. Du kannst beispielsweise verschiedene Erfahrungsberichte zu dem Produkt lesen und Vor- und Nachteile mit anderen Produkten vergleichen. Influencer/-innen bekommen von den Unternehmen in der Regel Geld dafür, dass sie die Produkte über verschiedene Social-Media-Kanäle* ihren Followern vorstellen. Sie sind rechtlich dazu verpflichtet, Werbung für Produkte in ihren Posts zu kennzeichnen (zum Beispiel mit #Werbung oder #Anzeige). Nur durch richtige Kennzeichnung kannst du dir selbst eine Meinung bilden, was dein/e Lieblingsinfluencer/-in wirklich denkt und ob du den Produktempfehlungen Vertrauen schenken möchtest.

Glossar

Begriff	**Bedeutung**
Follower/-in	Eine Person, die einer anderen Person in sozialen Netzwerken folgt.
Story	Ein Bild bzw. mehrere Bilder oder kurze Videos, die nach 24 Stunden automatisch aus dem Profil einer Person verschwinden. Mit dieser Funktion kann eine Geschichte (engl. *story*) erzählt werden.
Social-Media-Kanal	Ein soziales Netzwerk, auf dem Personen Inhalte erstellen, teilen und sich mit anderen Personen vernetzen können.

Was habe ich gelernt? Was muss ich noch lernen?

Erkläre kurz, wofür Infoblätter sinnvoll sind.

Erkläre in Stichpunkten, was du über Werbung in sozialen Medien gelernt hast.

Nenne Situationen, in denen du Infoblätter erstellen könntest.

Lies die folgenden Sätze und überlege, wie fit du schon bist. Kreuze an.

Ich kann mit einem Textverarbeitungsprogramm …	☺	😐	☹
… die Schriftart ändern.			
… die Schriftgröße ändern.			
… eigene Bilder in der richtigen Größe einfügen.			
… Symbole, Pfeile, Formen, etc. einfügen und verschieben.			
… Textdateien abspeichern und mit anderen teilen.			
… Textdateien ausdrucken.			

Big Data – Wer sammelt unsere Daten?

Was erwartet dich?

In diesem Projekt lernst du ...

- wie und welche Daten von uns gesammelt werden.
- was Daten von Informationen unterscheidet.
- was „Big Data" ist und wozu es eingesetzt wird.
- wie man einen „Elevator Pitch" zu einem Produkt durchführt.

Schau dir die Bilder an und überlege, was man unter Big Data versteht. Lies im Anschluss den Text.

Big Data – Wer sammelt unsere Daten?

Der Begriff „Big Data" beschreibt, dass viele Daten über viele Menschen gesammelt werden (*big* = „groß"). Es handelt sich also um eine große Datenmenge. Diese Daten können von Einzelpersonen, Unternehmen, Staaten usw. nutzbar gemacht werden – je nachdem wer Zugriff auf die Daten erhält.

Politische Entscheidungen, die Ausgestaltung von Werbung oder Produktneuheiten können auf der Auswertung von Daten basieren, die z. B. von Apps, in Social Media oder auf anderen Kanälen (z. B. bei der Zahlung mit Karte in einem Geschäft) gesammelt werden. Möglich gemacht wird dies alles durch die Digitalisierung, die es leicht macht, Daten im großen Stil zu erheben, zu sammeln und miteinander zu verknüpfen.

Vielleicht hast du schon einmal Werbung für ein Produkt gesehen, das du gerade erst gekauft hast oder welches du bei einer Freundin/einem Freund erwähnt hast, und dich gewundert, warum das so ist. Hier wurden deine Daten nutzbar gemacht, z. B. um dich zum Kauf eines Produkts zu bringen, welches entweder gleich oder ählich ist wie das, das du bereits besitzt. „Big Data" bezieht sich dabei immer auf Daten, die digital gesammelt wurden. Oft merken wir aber gar nicht, dass das passiert. In Zukunft wird es sicherlich möglich sein, noch viel mehr Daten auszuwerten und uns so zum „gläsernen Menschen" zu machen.

Um selbst mitzuentscheiden, welche Daten du von dir preisgeben möchtest, musst du natürlich erst mal wissen, wie Daten gesammelt werden.

Welche Daten werden gesammelt?

Situation 1:
Cem betritt einen Zeitungsladen und wird namentlich vom Verkäufer begrüßt. Er kauft dort jeden Donnerstag seine Wochenzeitung. Der Verlag, der die Zeitung produziert, kennt Cem nicht und weiß nicht, dass er jeden Donnerstag die Zeitung kauft. Der Verlag erhält Daten darüber, wie oft die Zeitung insgesamt und an welchen Verkaufsorten sie gekauft wurde.

Situation 2:
Cem öffnet auf dem Smartphone die Internetseite seiner Lieblingszeitung. Er ist dort kein angemeldeter Kunde. Es werden viele Daten über ihn und sein Verhalten gesammelt. Es wird u.a. gespeichert, welches Betriebssystem, welchen Browser und welche Bildschirmauflösung er nutzt. Außerdem wird u.a. genau protokolliert, welche Artikel er angeklickt hat, wie lange er einen Artikel gelesen hat und wie viel Text eines Artikels er angesehen hat.

Situation 3:
Frau Meyer geht ins Kino und kauft sich eine Karte für den neuesten Blockbuster. Kurz bevor sie in den Kinosaal geht, bekommt sie einen Anruf. Sie ist Ärztin und muss sofort wegen eines Notfalls in die Klinik kommen. Da die Karten vor dem Saal nicht eingescannt werden, erfährt der Kinobetreiber nicht, dass die Frau den Film nicht gesehen hat. Die Filmstudios erfahren nicht, welche Personen ihre Filme gesehen haben. Sie bekommen lediglich die Anzahl der verkauften Karten mitgeteilt.

Situation 4:
Nach der Arbeit geht Frau Meyer nach Hause. Sie will jetzt nicht mehr ins Kino. Sie klappt ihren Laptop auf und öffnet die Internetseite einer Videoplattform. Sie ist dort angemeldet und zahlt jeden Monat 11,99€, um Filme und Serien zu schauen. Sie scrollt durch die Filme. Sie klickt auf einen Film und liest sich die Beschreibung durch. Diese gefällt ihr nicht so gut, weshalb sie noch einen zweiten Film anklickt. Hier schaut sie sich die ersten 10 Minuten an, bevor sie sich entscheidet, ihren Lieblingsfilm zu gucken.

1 a) Lies die verschiedenen Situationen durch. Wer kann welche Daten sammeln? Fülle die Tabelle aus.

Situation 1	der Zeitungsladen:	der Verlag:
Situation 2	der Verlag durch seinen Internetauftritt:	
Situation 3	der Kinobesitzer:	das Filmstudio:
Situation 4	die Videoplattform:	

b) Vergleiche die analogen Situationen (1 und 3) mit den digitalen Situationen (2 und 4). Wie unterscheiden sich die Daten, die gesammelt werden können?

c) Welche Daten können über Kunden beim Einkaufen gesammelt werden? Notiere.

Beim Einkauf im Supermarkt:

Beim Einkauf im Internet bei einem Onlinehändler:

2 Gib folgenden Satz in eine Suchmaschine ein. Ersetze *** durch den Namen eines Internetdienstes (soziales Netzwerk, Videoplattform, Musikstreamingdienst usw.), den du häufig nutzt: „Welche Daten sammelt ***?“

Sieh dir mindestens zwei Suchergebnisse an und fülle den Kasten aus:

Internetanbieter: ____________________

Folgende Daten werden gesammelt: ____________________

Welche Arten von Daten gibt es?

Es gibt eine Vielzahl unterschiedlicher Daten. Dies sind einige Unterscheidungen, die man hierbei macht:

quantitative vs. qualitative Daten

Quantitative Daten sind das, was wir als „harte Fakten" bezeichnen. Man fragt z. B. danach, „wie viel", „wie groß" oder „wie schwer" etwas ist, und gibt einen genauen Wert in einer Maßeinheit an. Typische Beispiele: die Anzahl der Schülerinnen und Schüler in einer Klasse, die Körpergröße eines Menschen oder die Raumtemperatur. Qualitative Daten sind hingegen nicht so leicht mit einem Zahlenwert zu erfassen. Typische qualitative Daten sind eine Liste der Namen in der Klasse, die Benennung der verschiedenen Farben, die in einem Bild verwendet werden, die Kategorisierung von Klängen oder Gerüchen.

nominale vs. ordinale Daten

Von nominalen Daten spricht man, wenn man Dinge mit besonderen Begriffen benennt, z. B. die Kategorisierung eines Tieres als Hund oder Katze. Nominale Daten können nicht auf einer Skala dargestellt werden, sie können somit nicht abgestuft werden. Ordinale Daten dagegen sind Daten, die eine vorgegebene Ordnung haben und sich entlang einer Skala sortieren lassen. Typische Beispiele sind Schulnoten oder die Bewertung einer App in einem App Store.

analoge vs. digitale Daten

Man kann Daten auch danach unterscheiden, wie sie übertragen und gespeichert werden. Nehmen wir Tonaufzeichnungen als Beispiel. Werden Töne analog aufgezeichnet, geschieht dies auf einem analogen Speichermedium, wie einer Schallplatte oder einem Tonband. Wenn Daten digital gespeichert werden, dann werden sie auf einem Computer in einem digitalen Format (z. B. mp3) gespeichert. Dabei werden die Informationen in 0 und 1 übertragen. Sie können so auch leicht verbreitet und weitergegeben werden. Computer können sie weiterverarbeiten. Analoge Daten können mit der richtigen technischen Anwendung in digitale Daten umgewandelt werden. Wenn es um Big Data geht, hat man immer mit digitalen Daten zu tun, da es nur so möglich ist, unzählig viele Daten zu speichern, weiterzuverarbeiten und für verschiedene Zwecke zu nutzen.

3 a) Lies dir den Text gut durch. Kreuze in der Tabelle an, um welche Arten von Daten es sich handelt. Manchmal sind Mehrfachnennungen möglich.

	quantitativ	qualitativ	nominal	ordinal	analog	digital
Jahresringe eines Baumes	☐	☐	☐	☐	☐	☐
Anzahl der Personen in einem Bus	☐	☐	☐	☐	☐	☐
Geschwindigkeit bei einer Radarkontrolle	☐	☐	☐	☐	☐	☐
Alter einer Katze	☐	☐	☐	☐	☐	☐
Batterieverbrauch bei der Smartphonenutzung	☐	☐	☐	☐	☐	☐
Gewicht eines Koffers	☐	☐	☐	☐	☐	☐
Anzahl der Räume in der Schule	☐	☐	☐	☐	☐	☐
Platzierung in einem Wettkampf	☐	☐	☐	☐	☐	☐
Benennung der Räume in der Schule	☐	☐	☐	☐	☐	☐

b) Überlege, wo im Alltag noch Daten anfallen. Analysiere, um welche Arten von Daten es sich dabei handelt.

Wie werden aus Daten Informationen?

Was sind Daten?
Daten sind rohe Werte, die typischerweise mit Hilfe von Zahlen, Buchstaben, Symbolen oder Bildern ausgedrückt werden. Daten können von Hand oder durch Instrumente aufgezeichnet und gespeichert werden. Dies kann analog oder digital durch Computerprogramme erfolgen. Ein typisches Beispiel sind z. B. Schulnoten.

Was sind Informationen?
Kurz formuliert: Informationen entstehen, wenn Daten interpretiert werden. Diese interpretierten Daten kann man wiederum für bestimmte Zwecke nutzen. Es gibt somit Daten ohne Information, aber keine Information ohne Daten.

Sowohl Menschen als auch Computerprogramme können die Interpretation von Daten vornehmen. Rohe Daten allein sind noch nicht nutzbar, man muss sie erst in einen Kontext setzen, um daraus eine nutzbare Information zu erhalten.

Wenn man z. B. die Schulnoten betrachtet, dann erfährt man erst etwas über die Leistung in einem bestimmten Fach, wenn man die Ziffern 1-6 interpretiert. 1 ist eine „sehr gute" Note, während 6 „ungenügend" heißt. Man muss somit die Bewertungsskala kennen. In anderen Bereichen ist eine hohe Ziffer z. B. eine bessere Bewertung als eine niedrige Ziffer. Die Information „Er ist gut in Mathe" erhalte ich also, wenn ich weiß, dass die Ziffernnote 2 eine „gute" Note ist.

4 a) Notiere wichtige Unterschiede zwischen Daten und Informationen, die im Text genannt werden.

____

____

____

____

b) Überlege dir zusammen mit einer Partnerin/einem Partner ein weiteres Beispiel, das verdeutlicht, wie aus Daten Informationen entstehen. Schreibt euer Beispiel auf und stellt es anschließend in der Klasse vor.

____

____

____

____

Statistische Informationen
Statistische Informationen werden aus einfachen Daten gewonnen. Bei einer ausreichenden Datenmenge kann man auch Wahrscheinlichkeiten ableiten. Um z. B. die Regenwahrscheinlichkeit an einem bestimmten Tag für einen bestimmten Ort zu berechnen, schauen sich Wetterexperten Datenmengen ähnlicher Wetterlagen in der Vergangenheit an. Sie berücksichtigen dabei u. a. die Region, die Tageszeit, die Wetterlage der vorherigen Tage, die Niederschlagsmenge, den Wind und den Temperaturverlauf. Hier ein Beispiel: Eine Regenwahrscheinlichkeit von 70% für den 1. Oktober in Berlin bedeutet, dass es in der Vergangenheit in dieser Region bei gleicher Wetterlage in 7 von 10 Fällen geregnet hat.

5 Lies den Infotext. Bei welchen dieser Informationen handelt es sich um statistische Informationen? Kreuze an.

- ☐ Anzahl der Kinder in einer Klasse
- ☐ durchschnittliche Klassengröße an einer Schule
- ☐ Datenübertragungsgeschwindigkeit
- ☐ mittlere Anzahl an Regentagen im Januar
- ☐ Durchschnittsgeschwindigkeit eines Autos
- ☐ Anzahl der Tore bei einem Fußballspiel

Wie werden Daten zu „Big Data"?

6 Lies dir den Ausschnitt aus dem Buch „Ein Algorithmus hat kein Taktgefühl" durch.

„Google Trends" ist ein spannendes Werkzeug, wenn man sich einen Überblick verschaffen möchte, nach was in Deutschland wann gesucht wurde. Man kann sich damit ansehen, wie hoch das Suchaufkommen zu bestimmten Begriffen war. Angezeigt wird dabei nicht die absolute Anzahl der Suchanfragen, sondern der relative Anteil: Google bestimmt dafür zuerst die maximale Anzahl von Suchanfragen zu dem Begriff im gewünschten Zeitraum und gibt dann für alle Zeitpunkte den jeweiligen Anteil daran an. Wenn also im Januar die absolut meisten Personen nach „Algorithmus" suchten – und das waren 100 000 Nutzer –, wird für alle übrigen Monate die Anzahl der absoluten Suchanfragen durch diese Zahl geteilt. [...]

Das Tool „Google Trends" beruht auf **Big Data:** Die zugrunde liegenden Daten wurden nicht repräsentativ erhoben, sondern fielen beim Suchen eben an. Was die Menschen bewegt, wird wiedergegeben anhand dessen, was sie gesucht haben – obwohl das nicht immer notwendigerweise zusammenhängen muss.

Die zugrunde liegenden Daten haben dabei eine enorme Größe, was der Begriff „Big Data" ja auch ausdrücken soll: Die Zahlen variieren und können wohl auch nur von Google selbst korrekt angegeben werden, aber es wird geschätzt, dass Google pro Tag circa 3,5 Milliarden (!) Suchanfragen bekommt. Die im Netz dazu kursierenden Zahlen gehen stark auseinander – manche schätzen, dass es bis zu 5 Milliarden Suchanfragen pro Tag sind.

„Google Trends" gibt für jeden Begriff auch an, ob die Nutzer außerdem nach etwas gesucht haben, das den Begriff (unter anderem) enthält oder stark mit diesem verbunden ist. Diese „verwandten Suchanfragen" zeigen, dass die Ergebnisse von Google Trends „verrauscht" sind. Unter dem Begriff „verrauscht" verstehen wir Informatiker, dass nicht alle Daten wirklich relevant sind, sondern ein Teil davon – wie bei schlechtem Radioempfang – nur Rauschen darstellt. In diesem Beispiel bedeutet es, dass nicht jede Anfrage, die bei „Google Trends" mitgezählt wird und Begriffe wie „Big Data" oder „künstliche Intelligenz" enthält, auch anzeigt, dass die Suchenden etwas über diese Begriffe im engeren Sinne gesucht haben. Die von Google als „ähnlich" identifizierten Suchanfragen deuten darauf hin, dass einige Personen, die nach „KI" suchen, den Film „A.I. – Künstliche Intelligenz" meinten. Andere bezogen sich auf das Buch von Manuela Lenzen mit dem Titel „Künstliche Intelligenz". Natürlich zeigen auch diese spezifischeren Suchanfragen ein Interesse an dem Thema auf, das aber jeweils etwas anders gelagert ist als die Suche nach dem Begriff an sich.

Und das sind auch schon die drei Hauptcharakteristika von Big Data: Es sind 1) **große Mengen** an Informationen, die 2) oftmals **in kurzer Zeit** entstehen und verarbeitet werden müssen. Oftmals werden auch 3) **mehrere dieser Datenquellen** miteinander verbunden.

Im Englischen fasst man diese drei Eigenschaften als die **drei V's** zusammen: *Volume* (Masse), *Velocity* (Geschwindigkeit), *Variety* (Vielfältigkeit). **Masse, Geschwindigkeit, Vielfältigkeit.** Andere fügen noch zwei weitere V's hinzu: Big Data wird dann genutzt, wenn ein **Mehrwert** (*Value*) hinter der Analyse vermutet wird, dazu muss aber die **Validität** (*Validity*) der Daten geprüft werden.

Big Data fällt auf jeden Fall überall dort an, wo Sensoren mit dem Internet verbunden sind. Und solche Sensoren sind jetzt nicht nur das GPS-System in Ihrem Smartphone und der Thermostat in Ihrem Smart Home, sondern auch alle Kameras, Tastaturen, Computermäuse, Siris und Alexas, in die Sie aktiv oder passiv Informationen fließen lassen.

Katharina Zweig: „Ein Algorithmus hat kein Taktgefühl – Wo künstliche Intelligenz sich irrt, warum uns das betrifft und was wir dagegen tun können." München: Heyne 2019, S. 83-85.

7 a) Erkläre, worum es sich bei „Google Trends" handelt.

____

____

____

b) Beschreibe in eigenen Worten, was die Autorin mit dem Begriff „verrauscht“ meint.

c) Nenne die drei Hauptcharakteristika von „Big Data“, die die Autorin nennt.

1.

2.

3.

d) Nenne die deutschen Übersetzungen der sogenannten „V's“.

Volume:

Velocity:

Variety:

Value:

Validity:

e) Wo fällt Big Data an? Schreibe die Fälle auf, die die Autorin nennt.

f) Fallen dir weitere Beispiele ein, wo Big Data anfällt? Tausche dich mit einer Partnerin/einem Partner aus.

g) Formuliere eine Definition von „Big Data“ in eigenen Worten.

Wie wird Big Data eingesetzt? – Beispiele

8 Bildet Dreiergruppen. Jedes Gruppenmitglied liest eines der Szenarien durch und füllt den Kasten auf der nächsten Seite aus. Anschließend stellt ihr euch gegenseitig die Szenarien vor und macht Notizen.

Health Tracking – Gesundheitsdaten:

Tim will gesünder leben. Er kauft sich eine Smartwatch, die über verschiedene Sensoren folgende Daten sammelt: Herzfrequenz, Temperatur, Sauerstoffsättigung, Schrittzahl, Schlafdauer und Schlafqualität sowie seinen Standort. Manuell gibt er zusätzlich ein, was und wie viel er isst, sowie sein aktuelles Gewicht.
Die zur Smartwatch gehörende App analysiert Tims Daten und macht ihm individuell auf ihn zugeschnittene Vorschläge. Wenn er zu lange vor dem Computer sitzt, meldet sich die Uhr und fordert ihn auf, sich zu bewegen. Nach einer Woche hat die App erkannt, dass Tims Wecker immer dann klingelt, wenn er im Tiefschlaf ist. Die Uhr schlägt ihm vor, ihn kurz vor dem Eintritt in den Tiefschlaf zu wecken.
Tims Daten werden genau wie die Daten aller anderen Nutzer zentral gespeichert und ausgewertet.
Gestern hat Tim in einer Zeitung gelesen, dass die gesammelten Daten von Smartwatches auch missbraucht werden können. Wenn ein Arbeitgeber Zugriff auf diese Daten bekommt, kann er herausfinden, wie wahrscheinlich es ist, dass sich ein Arbeitnehmer krankmeldet. Er könnte nun diejenigen entlassen, die eher krank werden. Auch Krankenversicherungen sind an den Gesundheitsdaten sehr interessiert. Krankenversicherungen könnten u.a. anhand der Essgewohnheiten und des Bewegungsprofils das individuelle Risiko für einen Herzinfarkt berechnen und für Personen mit einem erhöhten Risiko die Beiträge erhöhen.

Videoplattform:

Samira schaut gerne Onlinevideos in ihrer Freizeit. Neben Fitness und Fashion interessiert sie sich auch zunehmend für politische Themen. Inzwischen verbringt sie mehrere Stunden täglich auf der Videoplattform. Sie freut, dass ihr immer wieder neue Videos vorgeschlagen werden, die ihren Geschmack treffen.
Samira interessiert sich dafür, wie dies gelingt. Deshalb sucht sie nach einem passenden Video, das ihr die Funktionsweise erklärt. In dem Video erfährt sie, dass die Daten aller Nutzer ausgewertet werden. Jeder Nutzer des Videoportals hat ein bestimmtes Nutzungsverhalten. Durch die Nutzung erstellt das Programm ein Ranking. Videos, die der Nutzer zuerst wählt, bekommen ein höheres Rating als Filme, die der Nutzer nicht anklickt oder erst zu einem späteren Zeitpunkt wählt. Auch Videos, die er häufig anschaut, werden höher gerankt als Videos, die nur einmal angeklickt werden. Zusätzlich berücksichtigt das Portal auch Ratings, die man abgegeben hat. So erstellt es ein genaues Profil. Auch die Nutzerprofile, die ähnlich wie Samiras Profil sind, werden in diese Berechnungen miteinbezogen.
Nun wurde ihr ein Video vorgeschlagen, das über die Gefahren von Videoplattformen aufklärt. Hier erfährt Samira, dass das Vorgehen der Videoplattform dazu führen kann, dass die Nutzer sehr viel Zeit auf der Plattform verbringen und ihren anderen Aufgaben und Pflichten nicht mehr nachkommen. Teilweise wurde beobachtet, dass auch die Noten schlechter wurden. Neben den Problemen mit der Selbstkontrolle der Nutzer gibt es auch noch ein anderes Problem. Auf der Plattform finden sich auch viele Videos, die Falschinformationen (Fake News) und Verschwörungstheorien verbreiten. Richtig problematisch daran ist aber, dass wenn man einmal solch ein Video angeschaut hat, zukünftig mehr solcher Videos vorschlagen werden, die ähnliche Falschinformationen enthalten. So entsteht rund um die Nutzer eine Blase an Falschinformationen und sie konstruieren ein falsches Bild von der Wirklichkeit.

KI-gestützte Urteilsfindung:

Frau Bix ist Richterin in New York. Sie muss jeden Tag eine Vielzahl an Verhandlungen führen. Wenn die Schuld eines Angeklagten festgestellt wurde, muss sie u.a. entscheiden, ob eine Geld- oder Gefängnisstrafe verhängt wird und wie hoch die Strafe ist. Jeden Tag muss sie eine Vielzahl solcher Fälle entscheiden. Das ist anstrengend und manchmal macht sie Fehler. Um schneller voranzukommen und gerechtere Urteile zu fällen, nutzt Frau Bix seit einigen Wochen eine Software, die sie bei dieser Entscheidung unterstützt. Die Software analysiert eine Vielzahl an Daten des Angeklagten (Alter, Geschlecht, familiäre und finanzielle Situation, Wohnort, Bildungsstand usw.) und vergleicht diese Daten mit Fällen aus der Vergangenheit. Für diese Fälle ist bekannt, ob die Strafen erfolgreich waren oder ob die Personen erneut straffällig wurden.
Frau Bix hat erfahren, dass Kritiker der Software davon ausgehen, dass die Vorhersagen im Einzelfall nicht richtig sind. Für Personen, die in Problemvierteln wohnen, schlägt die Software sehr häufig vor, die Strafe höher ausfallen zu lassen. Es wird auch kritisiert, dass man nicht weiß, wie die Software zu einer Entscheidung kommt.
Ihr gefallen aber auch die Vorteile der Software, dass sie viel schneller zu einem Urteil kommt und entscheiden kann, wie hoch das Strafmaß wird. Frau Bix ist mittlerweile unsicher, ob sie die Software noch einsetzen soll.

Mein Szenario: ______________________

Meine Stichpunkte:

- ______________________
- ______________________
- ______________________
- ______________________
- ______________________
- ______________________
- ______________________
- ______________________
- ______________________
- ______________________

Notizen zu den Szenarien der anderen Gruppenmitglieder

Szenario: ______________________

Szenario: ______________________

Einen Elevator Pitch durchführen

9 Lies dir die Informationen zum Elevator Pitch gründlich durch und kläre offene Fragen mit deiner Lehrkraft.

Elevator Pitch

Der Begriff „Elevator Pitch" kommt aus dem Englischen und bezeichnet eine Kurzpräsentationsform, die aus der Wirtschaft stammt. Es geht darum, Investoren (= Geldgeber) für ein Projekt zu begeistern. Der Begriff leitet sich daraus ab, dass die Präsentation so kurz sein soll, dass sie während einer Aufzugfahrt gehalten werden könnte.

Welchen Aufbau hat ein Elevator Pitch?
Der Elevator Pitch folgt immer einem festen Ablauf. Er besteht aus den vier Abschnitten Problem – Vision – Auswirkung – Ergebnis. Besonders gut ist der Pitch, wenn er kurz und knapp ist und das Interesse der Zuhörer weckt. Es ist sinnvoll, den Pitch mithilfe einer Präsentation mit passenden Bildern zu illustrieren.

Aufbau:

1. Problem	2. Vision	3. Auswirkung	4. Ergebnis
• Was ist das Problem, das dein Produkt/ deine Erfindung lösen soll? • Warum ist es ein dringliches und wichtiges Problem?	• Was ist deine Vision? • Wie sieht die Lösung für das Problem aus?	• Welche (positiven) Auswirkungen wird es haben, wenn das Produkt/die Erfindung realisiert wird? • Worin liegen die Herausforderungen, wenn das Ziel erreicht werden soll?	• Wie wird die Vision erreicht? • Wie sieht das konkrete Vorgehen aus? • Wer muss alles eingebunden werden? • Welche Mittel und Werkzeuge sind wichtig?

Beispiel:

„Versicherungen stehen seit Jahren vor dem großen Problem, dass sie den Kunden möglichst günstige Tarife für ihre Autoversicherung anbieten wollen. Zugleich sollen die von den Kunden gezahlten Beträge aber auch ausreichen, um die entstehenden Kosten durch die Unfallschäden zu bezahlen. Das treibt uns Schweißperlen auf die Stirn.

Neue Big Data-Technologie ermöglicht uns jetzt, den Schadensfall und die Schadenshöhe einer Person genauer vorherzusagen. Dafür verwenden wir nicht nur die herkömmlichen Daten, wie Alter, Geschlecht, Wohnort, Automarke etc., sondern wir erfassen mittels Sensoren im Auto das Fahrverhalten des Nutzers.

So können wir erkennen, ob der Nutzer einen risikoreichen oder einen sicheren Fahrstil hat und entsprechend die Versicherungstarife passgenau festlegen. Wenn uns dies im großen Stil gelingt, könnten wir die Kunden zum sicheren Fahren bringen, die Schadensfälle reduzieren, durch günstige Tarife mehr Kunden generieren und so die Gewinne des Unternehmens steigern.
Allerdings sind für die Umsetzung der Technik größere Investitionen im Umfang von ca. 20 Millionen Euro notwendig. Deshalb setze ich auf Ihre Beteiligung bei dem Projekt."

Tipps:

- Gehe jeden der vier Schritte des Elevator Pitch zunächst durch und beantworte die Fragen erst mal für dich.
- Finde den Kern des Problems, das dein Produkt lösen soll, und formuliere alles in einfachen Worten.
- Wähle einen starken Einstieg, der das Interesse des Gegenübers weckt.
- Verwende kurze Sätze und eine einfache, verständliche Sprache.
- Übe deinen Vortrag gut ein, bevor du ihn aufnimmst.
- Zeige deine Begeisterung für deine Idee/dein Produkt. Hierbei ist auch deine Stimme und deine Körpersprache von Bedeutung.

Produktbeschreibung

P Auf dieser Seite findest du drei verschiedene Themen. Suche dir ein Thema aus und bereite hierzu einen Elevator Pitch vor. Übe den Pitch ein paar Mal und stelle ihn anschließend einer Partnerin/einem Partner vor. Anschließend kannst du ihn auf Video oder als Tonaufnahme aufnehmen. Spielt die Pitches in der Klasse vor.
Du kannst dir dazu auch zwei Erklärvideos ansehen: Wie drehe ich ein Video? Wie nehme ich ein Audio auf?

Videos: WES-04555-001

Health Tracking – Gesundheitsdaten:
Wir reisen zurück in das Jahr 2010 in eine Zeit, in der es noch keine Gesundheitsapps für das Smartphone gab. Schon länger beobachtest du, dass sich viele deiner Freunde und Verwandten zu wenig bewegen und ungesund ernähren. Daran möchtest du etwas ändern. Dein Wunsch ist es, dass deine Mitmenschen gesünder leben. In einem Video hast du gesehen, dass Forscher herausgefunden haben, dass Personen besonders dann erfolgreich ihre Pläne umsetzen, wenn sie ihre Handlungen regelmäßig protokollieren und darüber Buch führen, was sie tun. Diese beiden Ideen willst du nun verbinden und eine App entwickeln, in der Gesundheitsdaten, sportliche Aktivitäten und Ernährung protokolliert werden können. Mit einer neuen Sensortechnik in Armbändern ist es zudem möglich, Informationen über Puls, Blutdruck, Schlafphase etc. zu sammeln. Die Uhr macht dann konkrete Vorschläge, wie man gesünder werden kann. Um deine Unternehmensidee zu verwirklichen und die App zu programmieren, benötigst du allerdings viel Kapital. Deshalb ist es wichtig, möglichst viel Geld von den Investoren zu bekommen. Bereite einen Elevator Pitch für eine Finanzierungsrunde mit Investoren vor, um deine Health Tracking App entwickeln zu können.

Videoplattform:
Wir reisen in das Jahr 2002 zurück, also in eine Zeit vor deiner Geburt. Damals gab es noch keine Videoplattformen, auf denen man eigene Videos hochladen und Videos anderer Nutzer anschauen konnte. Um deine Plattform besonders attraktiv zu machen, planst du, dass den Nutzern möglichst nur Videos vorgeschlagen werden, die ihren Wünschen und Interessen entsprechen. Um deine Unternehmensidee zu verwirklichen (für die Entwicklung des Algorithmus, für den Speicherplatz für die Videos), benötigst du allerdings viel Kapital. Deshalb ist es wichtig, möglichst viel Geld von den Investoren zu bekommen. Bereite einen Elevator Pitch für eine Finanzierungsrunde mit Investoren vor.

KI-gestützte Urteilsfindung:
Du findest dich im Jahr 2008 wieder. Du hast gelesen, wie sehr sich Richter täuschen und von unwichtigen Dingen in der Beurteilung beeinflussen lassen. So verurteilen Richter Angeklagte vor dem Mittagessen zu wesentlich härteren Strafen als nach dem Mittagessen. Auch wurde festgestellt, dass Richter besonders dann hart bestrafen, wenn der Lieblingsverein das Ligaspiel am Wochenende verloren hat.
Dir kommt die Idee, dass es sinnvoll sein könnte, einmal anzuschauen, welche Faktoren dabei eine Rolle spielen, ob Straftäter rückfällig werden oder nicht. So scheint es einen Unterschied zu machen, ob man eine feste Anstellung und einen Beruf hat, eine Familie und einen festen Wohnort. Wenn diese Informationen allen Richtern bekannt wären, dann könnte man angemessenere Strafen vergeben. Dafür ist es jedoch erforderlich, umfangreiche Daten zu erheben und ein Programm zu entwickeln, um datengestützte Urteile fällen zu können. Damit ließen sich die menschlichen Fehler von Richtern wahrscheinlich verhindern.
Um deine Unternehmensidee zu verwirklichen, benötigst du allerdings viel Kapital – einerseits für den Aufbau einer Datenbank über Straftäter, andererseits für die Entwicklung des Programms. Da die App in öffentlicher Hand sein soll und nur von Gerichten/Richtern verwendet wird, versuchst du, die lokale Verwaltung und das Justizministerium davon zu überzeugen, das Projekt zu finanzieren. Bereite einen Elevator Pitch für eine Finanzierungsrunde mit Investoren vor.

Wenn du weitere Informationen benötigst, kannst du auf Seite 19 zurückgehen und dir die Beispiele dort noch einmal ansehen.

Was habe ich gelernt? Was muss ich noch lernen?

Erkläre in eigenen Worten, was man unter „Big Data“ versteht.

Nenne Anwendungsgebiete für Big Data. Erkläre in Stichpunkten, wofür die Daten genutzt werden.

Nenne Vor- und Nachteile von Big Data.

Lies die folgenden Sätze und überlege, wie fit du schon bist. Kreuze an.

Ich …	☺	😐	☹
… weiß, was ein Elevator Pitch ist.			
… kenne die vier Schritte eines Elevator Pitch.			
Bei den vier Schritten handelt es sich um: 1. ____________ 3. ____________ 2. ____________ 4. ____________			
… traue mir zu, einen Elevator Pitch vor der Klasse zu halten.			

Was ist ein „Influencer“?

Was erwartet dich?

In diesem Projekt lernst du ...
- wie man den Begriff „Influencer“ definieren kann.
- welche verschiedenen Arten von Influencern es gibt.
- was Influencer posten, wie sie ihr Geld verdienen und ob es ein Traumberuf ist.
- wie man einen Audiobeitrag zum Thema „Influencer“ erstellt.

„Es gibt Leute, die privat Blogs betreiben oder einen Instagramkanal vielleicht zu einem bestimmten Thema – ab wann bin ich da dann eigentlich Influencer? Oder ein Journalist, der eine gewisse Reichweite hat, z. B. auf Twitter, ist er dann schon ein Influencer, oder einfach nur ein Journalist, der sich in sozialen Medien aufhält?“ (Julia Kost)

„Ich finde, es ist immer super schwierig zu definieren, was Influencer oder Influencerinnen sind. Es ist ja keine offizielle Berufsbeschreibung. Es ist ja nicht so wie, ich bin Anwalt oder ich bin Lehrer oder ich bin Arzt, so. Es ist eine Sache, die jeder eigentlich von sich selbst behaupten kann.“ (Robin Blase)

„Als Erstes in meinem Kopf sind Menschen, die irgendwie schöne Bilder bei Instagram posten, die vielleicht irgendwie Werbung machen [...]. Ich würde aber sagen, wir können das Wort auch ein bisschen breiter fassen, und sollten das auch, und Influencer als Menschen verstehen, die andere Menschen vielleicht auch beeinflussen [...].“ (Clare Devlin)

1 a) Personen, die Inhalte für soziale Netzwerke produzieren, können als Content Creators, Social Media Stars oder Influencer bezeichnet werden. Sieh dir die Einstiegsseite an. Wie würdest du einen „Influencer“ definieren? Tausche dich mit einer Partnerin oder einem Partner aus und schreibt eine kurze Definition auf.

b) Höre dir nun die vollständigen Beiträge von Julia Kost, Robin Blase und Clare Devlin an. Notiere dir stichpunktartig Eigenschaften von Influencerinnen und Influencern, die sie nennen.

Audios: WES-04555-002

Eigenschaften von Influencerinnen und Influencern:

c) Lies dir eure Definition von oben noch einmal durch und ergänze fehlende Aspekte.

2 a) Es gibt verschiedene Arten von Videos, die Influencer erstellen. Schreibe die richtigen Begriffe unter die Bilder.

Tanz- oder Singvideo	**VLOG**	**Shopping Haul**	**Kommentarvideo**
Reaction-Video	**Challenge**	**Let's play**	**Tutorial**

b) Welche Arten von Videos schaust du gerne? Begründe.

c) Welche Arten von Videos schaust du nicht gerne? Begründe.

3 a) Meist kann man Videos kommentieren. Lies dir die folgenden Kommentare durch. Schreibe die Videoart auf, auf die sich der Kommentar beziehen könnte, und begründe deine Antwort.

„Bei dieser Art von Videos machen es sich Influencer sehr einfach. Sie setzen sich einfach vor die Kamera, schauen sich das Video einer anderen Person an und geben ihren Senf dazu. Sehr kreativ ist das nicht.“

Art des Videos: ______

Begründung: ______

„Das ist zwar lustig, aber das machen doch auch Kinder. Wenn die das nachmachen, kann es gefährlich werden.“

Art des Videos: ______

Begründung: ______

„Das wusste ich gar nicht! Aber jetzt, wo sie es sagt, stimme ich ihr schon zu.“

Art des Videos: ______

Begründung: ______

b) Schreibe mit einer Partnerin/einem Partner zusammen ähnliche Kommentare zu 3-4 weiteren Videoarten. Stellt euch die Kommentare anschließend in der Klasse vor und findet heraus, welche Arten von Videos gemeint waren.

4 a) Welche Arten von Influencern gibt es? Tausche dich mit 2-3 Klassenkameraden aus und notiere.

b) Hast du in den letzten 7 Tagen Inhalte von Influencern/Social Media Stars gesehen oder gehört? Falls ja, schreibe die Namen von ihnen auf.

c) Vergleiche die Liste mit einer Partnerin/einem Partner. Habt ihr die gleichen Inhalte konsumiert?

d) Was macht den Erfolg von Influencern aus? Erkläre in ca. 50 Wörtern, wovon der Erfolg von Influencern deiner Meinung nach abhängt.

e) Erstellt in der Klasse eine Liste mit Influencern, die gerade beliebt sind. Denkt auch an Influencer, denen Menschen in eurer Familie oder eurem Bekanntenkreis folgen.

5 Partnerarbeit: Jede Zweiergruppe wählt einen anderen Influencer/Social Media Star von der Klassenliste. Schaut euch die in den letzten zwei Wochen geposteten Inhalte an und beantwortet die folgenden Fragen.

a) Auf welchen Plattformen postet die Influencerin/der Influencer? Notiert auch die Anzahl der Follower.

b) Über welche Themen hat die Influencerin/der Influencer in den letzten 24 Stunden gepostet?

c) Welche Inhalte (Videos, Fotos, usw.) hat die Influencerin/der Influencer in den letzten 2 Wochen gepostet?

d) Wurde Werbung gemacht? Wenn ja, für was?

e) Auf der nächsten Seite findet ihr Strategien, die Influencer nutzen, um möglichst viele Aufrufe zu bekommen. Seht euch die Infografik an und schreibt auf, welche Strategien eure Influencerin/euer Influencer genutzt hat.

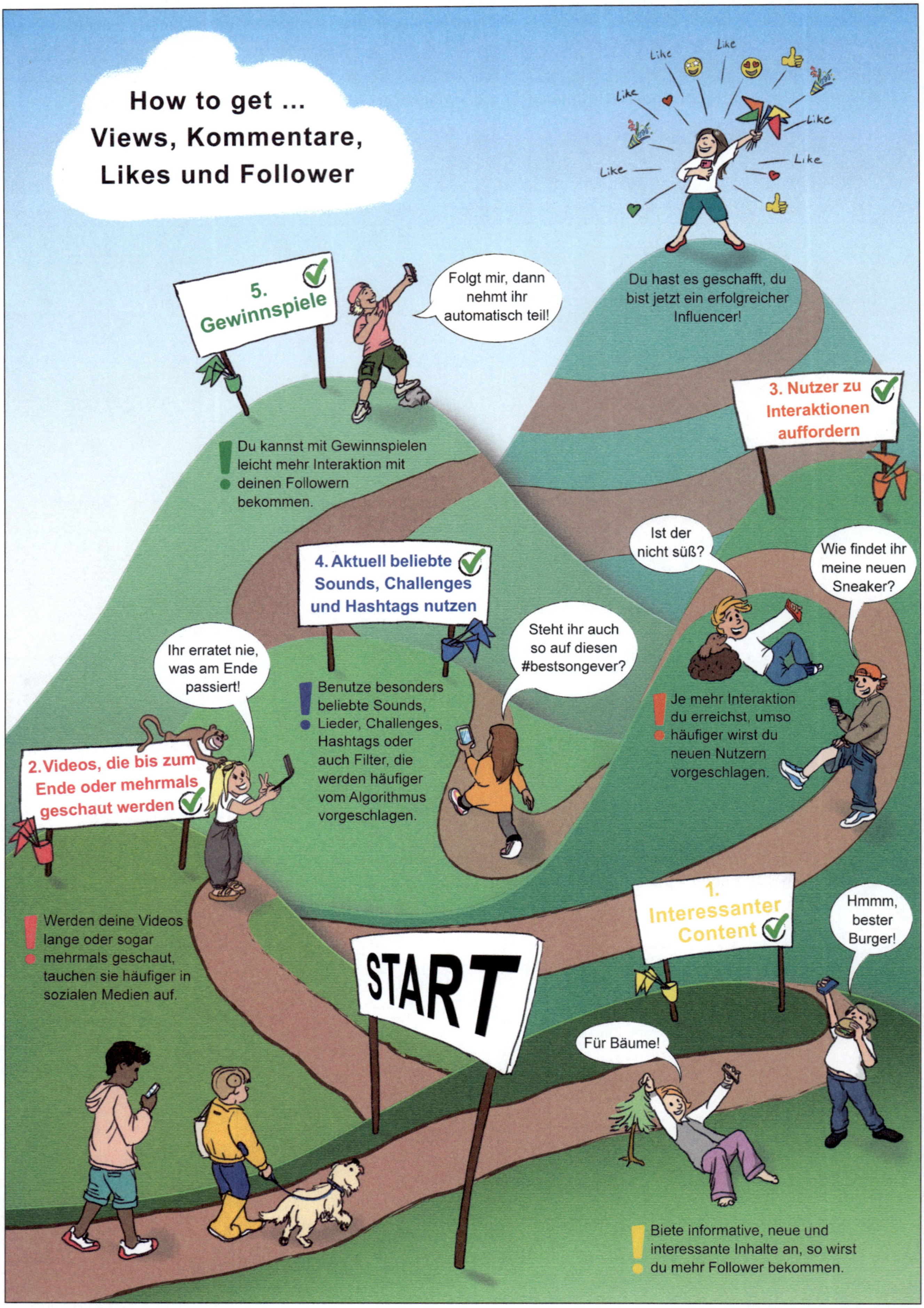
How to get ...
Views, Kommentare,
Likes und Follower
Like
Folgt mir, dann nehmt ihr automatisch teil!
Du hast es geschafft, du bist jetzt ein erfolgreicher Influencer!
5. Gewinnspiele
Du kannst mit Gewinnspielen leicht mehr Interaktion mit deinen Followern bekommen.
3. Nutzer zu Interaktionen auffordern
Ist der nicht süß?
Wie findet ihr meine neuen Sneaker?
4. Aktuell beliebte Sounds, Challenges und Hashtags nutzen
Steht ihr auch so auf diesen #bestsongever?
Ihr erratet nie, was am Ende passiert!
Benutze besonders beliebte Sounds, Lieder, Challenges, Hashtags oder auch Filter, die werden häufiger vom Algorithmus vorgeschlagen.
Je mehr Interaktion du erreichst, umso häufiger wirst du neuen Nutzern vorgeschlagen.
2. Videos, die bis zum Ende oder mehrmals geschaut werden
Werden deine Videos lange oder sogar mehrmals geschaut, tauchen sie häufiger in sozialen Medien auf.
1. Interessanter Content
Hmmm, bester Burger!
START
Für Bäume!
Biete informative, neue und interessante Inhalte an, so wirst du mehr Follower bekommen.

6 Gruppenarbeit: Teilt euch in Gruppen auf. Jede Gruppe wählt eines der Themen (A-E). Achtet darauf, dass alle Themen vergeben sind. Hört euch die Beiträge an. Macht euch unten auf dieser Seite Notizen zu den Beiträgen. Stellt euch anschließend gegenseitig eure Themen vor.

Gruppe A: Wie verdienen Influencer ihr Geld?

Audiobeiträge von Julia Kost und Robin Blase:

Audios: WES-04555-003

Gruppe B: Ist „Influencer“ ein Traumberuf?

Audiobeiträge von Julia Kost und Robin Blase:

Audios: WES-04555-004

Gruppe C: Wie authentisch sind Influencer?

Audiobeiträge von Robin Blase und Clare Devlin:

Audios: WES-04555-005

Gruppe D: Warum ist der Algorithmus wichtig?

Audiobeiträge von Robin Blase und Clare Devlin:

Audios: WES-04555-006

Gruppe E: Worauf muss man achten, wenn Influencer ihre Meinung teilen?

Audiobeiträge von Robin Blase und Julia Kost:

Audios: WES-04555-007

Notizen:

Einen Podcast aufnehmen

P Nehmt einen Podcast mit verschiedenen Beiträgen zum Thema „Influencer“ auf. Stellt darin ein oder zwei Influencer vor, führt Interviews mit Mitschülerinnen/Mitschülern, Geschwistern oder Eltern und lasst sie in einem Beitrag zu Wort kommen.
Ihr könnt euch zuerst drei Erklärvideos dazu ansehen: Wie erstelle ich einen Podcast? Wie nehme ich ein Interview auf? Wie schneide ich ein Audio? Videos: WES-04555-001

Was ihr dafür braucht:

1. Aufnahmegerät
Als Aufnahmegerät könnt ihr ein Smartphone, Tablet oder ein digitales Diktiergerät nutzen. Wichtig ist, dass ihr eure Aufnahmen digital speichert, damit ihr sie später bearbeiten könnt.

2. Eine Software zum Audioschnitt
Es gibt eine Vielzahl an Programmen, mit denen man Audiodateien schneiden kann. Wenn ihr an einem PC arbeitet, könnt ihr zum Beispiel Audacity nutzen. Das Programm kann kostenlos im Internet heruntergeladen werden. Wenn ihr auf einem Gerät mit dem Betriebssystem iOS arbeitet, könnt ihr auch iMovie nutzen. Das ist zwar eigentlich ein Programm zum Schneiden von Videos, kann aber auch nur für Audios genutzt werden.

3. Einen Ablaufplan
Überlegt euch, was ihr wann in eurem Podcast sagt bzw. abspielt. In der Regel beginnt man mit einer Begrüßung und einer Vorstellung des Themas. Ihr könnt aber auch zuerst einen sogenannten O-Ton abspielen. O-Ton steht für Original-Ton. Das kann ein Zitat eines Interviewpartners oder ein Ausschnitt aus einem Video einer Influencerin/eines Influencers sein. Erstellt eine Tabelle, in der ihr den Ablauf genau aufschreibt. Eure Moderationen könnt ihr dort auch aufschreiben.

Wie ihr vorgeht:

Schritt 1: Nehmt Audiobeiträge (u. a. Moderationen und Interviews) auf.

Schritt 2: Schneidet eure Audiobeiträge.

Schritt 3: Fügt die Audiodateien in der richtigen Reihenfolge in euer Audioprogramm ein. Passt ggf. die Lautstärke an. Alle Teile sollten ungefähr gleich laut sein.

Schritt 4: Speichert die Audiodatei als .wav oder .mp3 Datei ab.

Schritt 5: Teilt die Audiodatei mit eurer Lehrkraft und mit euren Klassenkameraden.

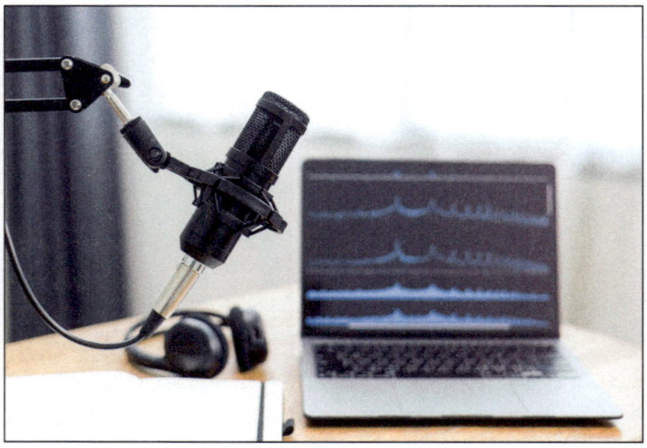

Was habe ich gelernt? Was muss ich noch lernen?

Erkläre in eigenen Worten den Begriff „Influencer“.

Erkläre, warum einige Influencerinnen und Influencer so beliebt sind.

Wärst du gerne ein Influencer/eine Influencerin? Begründe.

Lies die folgenden Sätze und überlege, wie fit du schon bist. Kreuze an.

Ich kann …	☺	😐	☹
… eine Audiodatei aufnehmen.			
… eine Audiodatei schneiden.			
… Effekte (z. B. Hall) einfügen und die Lautstärke anpassen.			
… eine Audiodatei in verschiedenen Formaten abspeichern.			
… eine Audiodatei mit anderen Nutzern teilen.			

Selbstdarstellung und Selbstoptimierung

Was erwartet dich?

In diesem Projekt lernst du ...
- wie die eigene Darstellung in sozialen Medien die Wahrnehmung beeinflusst und welche Probleme dadurch entstehen können.
- welche Wirkung Bilder in sozialen Medien erzielen können.
- welche Gefahren es gibt und wie man mit Social Media verantwortungsvoll umgehen kann.
- wie man ein Poster für eine Kampagne über die Gefahren von Social Media erstellt.

Schau dir die Profile an. Was fällt dir auf? Was meinst du – wie viele Follower haben die beiden? Lies im Anschluss den Text.

Sebastian Müller

Abenteurer · Reiseblogger · Großer Bruder · Sportfan

Was mich auszeichnet? Meine spontane und offene Art, meine Abenteuerlust und sportliche Aktivitäten wie Fußball und Basketball. Ich bin durch und durch ein Familienmensch.

Luisa Schmitt

Backkünstlerin · Fitnessfreak · Social Media Talent

Meine Hobbys sind Backen und Sport. Darüber hinaus zeige ich euch gerne, was ich im Alltag so mache. Checkt meine Posts auf den verschiedenen Social-Media-Kanälen.

Selbstdarstellung und Selbstoptimierung

In sozialen Medien haben wir die Möglichkeit, uns selbst darzustellen, insbesondere über das Profil und die Medien, die wir in den Netzwerken posten. Dort stellen wir uns meist sehr positiv dar und versuchen uns durch Dinge, die allgemein als „erstrebenswert" gelten, in ein positives Licht zu rücken. Wenn andere uns als angenehmen Menschen wahrnehmen, generiert das Likes und Follower. Andererseits beeinflusst es auch die Wahrnehmung und die Meinung, die wir selbst und andere sich über uns bilden.
Die Selbstdarstellung in den sozialen Medien ist dabei in den wenigsten Fällen wirklich echt oder authentisch. Stattdessen wollen wir gemocht werden und schöne Bilder posten. Das heißt, dass wir auch mit Stereotypen arbeiten, z. B. als besonders weiblich oder männlich dastehen wollen. Auch Dinge, die wir von anderen teilen und über andere sagen, spielen dabei eine Rolle. Wenn wir z. B. viele Freunde dort haben und sie oft in unseren Beiträgen erwähnen, so stehen wir als Menschen dar, die beliebt sind und die viele gerne mögen – auch wenn das im „echten Leben" dann vielleicht gar nicht so ist. Andererseits hat die Darstellung in sozialen Netzwerken einen großen Einfluss auf unseren Alltag, z. B. wie du deine Klassenkameraden wahrnimmst oder auch welche Chancen wir auf dem Arbeitsmarkt haben.
Man kann in den sozialen Medien auch viel „faken". Das geht schon bei den Bildern los, die mit Programmen bearbeitet werden können oder die wir gleich mit einem Filter aufnehmen. Wir orientieren uns dabei oft an Vorbildern, z. B. Stars oder Influencern, und kopieren, was sie so machen. Alles in allem kann man sagen, man optimiert sich, um in den sozialen Netzwerken gut auszusehen und dadurch die Wahrnehmung von anderen und uns selbst über uns zu beeinflussen.

Wer bin ich und wie möchte ich mich nach außen darstellen?

1 Wie könntest du dich optimal in einem sozialen Netzwerk darstellen? Bearbeite die Aufgaben.

a) Kreuze fünf Eigenschaften an, die du in deinem Profil transportieren würdest, oder ergänze etwas auf den Linien.

☐ stark	☐ humorvoll	☐ interessant	☐ ______
☐ distanziert	☐ schön/attraktiv	☐ gefühlsbetont	☐ ______
☐ schüchtern	☐ aufgeschlossen	☐ schutzbedürftig	☐ ______
☐ kompetent	☐ verrückt	☐ kreativ	☐ ______

b) Beschreibe, wie die Fotos aussehen würden, die du von dir selbst postest (Profilfoto und Ähnliches).

______

______

______

c) Welche Themen würdest du auf deinem Profil ansprechen? Liste ein paar Themen auf.

______

______

______

d) Sieh dir Profile von Prominenten oder Influencern an. Was könntest du für dein eigenes Profil übernehmen?

______

______

______

2 Vergleicht eure Angaben in der Klasse. Diskutiert gemeinsam folgende Fragen:

- Treffen diese Eigenschaften auf uns als reale Personen zu?
- Bei welchen Eigenschaften haben wir eventuell übertrieben? Warum?
- Was ist unsere Meinung zur Bearbeitung von Fotos und Porträts in sozialen Medien?
- Wie beeinflusst die eigene Darstellung in den sozialen Medien die Wahrnehmung – von anderen über uns oder von uns selbst über uns?

3 Wie kann man sein Profil auf sozialen Medien noch beeinflussen? Sammelt weitere Ideen.

______

______

______

Auffallen um jeden Preis? – Die Wirkung von Bildern auf Social Media

4 Sieh dir die Bilder an, die andere auf sozialen Netzwerken gepostet haben. Überlege dir passende Bildunterschriften für die Bilder (z. B. „Wir sind im Urlaub“). Welche Wirkung wird mit den Fotos erzielt? Fülle die Tabelle aus.

A

B

C

D

E

F

Bild	Mögliche Bildunterschrift	Welche Wirkung wird damit erzielt? / Welche Absicht verfolgt derjenige, der sie postet?
A		
B		
C		
D		
E		
F		

5 Die Bearbeitung von Fotos und anderen Inhalten ist in vielen Bereichen üblich. Findest du es OK, wenn man hier etwas schummelt und vielleicht etwas übertreibt? Schreibe deine Meinung auf und begründe sie kurz.

Was denke ich über mich? – Selbstbild und Selbstbewusstsein

6 a) Macht gegenseitig voneinander Porträtfotos. Sucht euch eine Wirkung aus, die ihr damit erzielen wollt, und kreuzt sie an. Sucht einen passenden Hintergrund und die passenden Accessoires (z. B. Shoppingtüte).

☐ stark ☐ kompetent ☐ verrückt ☐ kreativ

☐ lustig, humorvoll ☐ schön/attraktiv ☐ aktiv, sportlich ☐ intelligent

☐ interessant ☐ gute(r) Freund/in ☐ reich, erfolgreich ☐ ____________

b) Sieh dir dein Bild an. Hast du die gewünschte Wirkung erzielt? Wie fühlst du dich damit?

c) Vergleiche dein Bild mit Bildern, die dein Lieblingsstar auf Social Media postet. Wie authentisch sind ihre/seine Bilder in den sozialen Netzwerken?

d) Warum stellen sich Menschen auf Social Media so positiv/optimiert dar? Was macht das mit uns? Überlegt gemeinsam und notiert eure Ideen.

7 Lies die Aussagen von Jugendlichen, die auf Social Media unterwegs sind.

Ich finde es wichtig, regelmäßig Fotos zu posten. Die Likes und Kommentare geben mir Selbstbewusstsein. Ich bin oft damit beschäftigt, neue Inhalte für meine Follower zu erstellen, und verbringe sehr viel Zeit damit.

Ich bin oft neidisch, wenn ich die schönen Fotos von anderen auf Social Media sehe. Andererseits finde ich es nicht gut, dass wir andere Menschen so sehr über ihr Aussehen beurteilen.

Oft erwische ich mich dabei, dass ich manche Sachen nur mache, um Fotos davon posten zu können. Ich bin traurig, wenn ein Foto von mir nicht so viel Aufmerksamkeit erhält.

a) Welche Probleme werden angesprochen?

b) Welche weiteren Probleme könnten durch die optimierte Selbstdarstellung auf sozialen Netzwerken entstehen?

Wie viel Zeit verbringe ich auf sozialen Netzwerken? – Das Thema Selbstkontrolle

8 a) Lies den Text. Markiere pro Absatz fünf wichtige Wörter.

Viel Zeit auf Social Media

Hast du das schon mal erlebt? Du isst einen Kartoffelchip und auf einmal ist die halbe Packung weg. Oder du schaust eine Folge einer Serie und auf einmal ist die Staffel zu Ende und es ist spät in der Nacht. So etwas Ähnliches hast du bestimmt schon mal bei dir beobachtet. Denn wenn wir etwas Gutes essen oder etwas Schönes machen, dann schaltet sich das Belohnungszentrum in unserem Gehirn ein und sendet uns Glückshormone. Das bringt uns dazu, dass wir mehr davon wollen.

Ähnlich ist das, wenn wir uns in den sozialen Netzwerken bewegen. Wenn wir z. B. ein Bild posten, zu dem wir Likes und schöne Kommentare erhalten, dann belohnt uns unser Gehirn dafür mit angenehmen Gefühlen. Wir möchten immer mehr Likes, Kommentare und Reposts. Dem sind wir aber nicht schutzlos ausgeliefert, da wir noch etwas haben, was sich Selbstkontrolle nennt. Wir können uns dazu entschließen, nur wenige Chips zu essen oder nicht so viel Zeit auf Social Media zu verbringen. Das geht allerdings nur, wenn wir einmal bewusst darüber nachdenken, was wir da gerade tun. Und auch dann ist es manchmal schwer, mit den Dingen aufzuhören, die uns Spaß machen. Worauf es auch ankommt, ist die Verfügbarkeit der Dinge. Wenn das WLAN nicht funktioniert, können wir nicht surfen. Wenn keine Chipstüte im Haus ist, können wir keine Kartoffelchips essen.

Die sozialen Netzwerke sind Wirtschaftsunternehmen und darauf angewiesen, dass wir viel Zeit auf ihnen verbringen, denn so verdienen sie ihr Geld. Sie machen sich den Effekt mit unserem Belohnungszentrum dabei zu Nutze. Das funktioniert aus verschiedenen Gründen so gut. Zum einen haben wir unser Smartphone in der Regel immer bei uns, es ist also verfügbar. Zum anderen verwenden die sozialen Netzwerke Funktionen, mit denen wir uns immer wieder an sie erinnern. Das sind vor allem Benachrichtigungen, wenn jemand uns ein Like gibt oder selbst etwas postet. Mit nur einem Klick können wir dann ganz schnell gucken, was dort gemacht wurde. Wir gelangen also leicht und schnell zurück auf das soziale Netzwerk. Jedes Mal, wenn jemand uns positive Aufmerksamkeit schenkt, z. B. mit einem Like oder Repost, dann schüttet unser Gehirn Glückshormone aus und wir wollen mehr davon.

Im schlimmsten Fall können wir richtig süchtig werden nach der Aufmerksamkeit. Daher ist die Selbstkontrolle so wichtig. Wir können uns bewusst machen, wie viel Zeit wir auf Social Media verbringen und was das mit uns macht. In der Forschung ist noch nicht ganz geklärt, wie groß das Suchtpotenzial von sozialen Netzwerken ist und welche Langzeitfolgen es hat, viel Zeit dort zu verbringen. Man schätzt jedoch, dass im Jahr 2018 in Deutschland ca. 100.000 Jugendliche im Alter von zwölf bis siebzehn Jahren die Kriterien einer Abhängigkeit von sozialen Medien erfüllten.

b) Erkläre den Begriff Selbstkontrolle in eigenen Worten.

____

____

c) Auf welche Weise können soziale Netzwerke vom Belohnungseffekt profitieren? Notiere ein paar Stichpunkte.

____

____

____

d) Überlegt gemeinsam, welche Strategien ihr anwenden könnt, um weniger Zeit auf Social Media zu verbringen.

____

____

Was kann da schiefgehen? – Gefahren im Umgang mit sozialen Medien

9 a) Bewerte die Infografik, die jemand in einem sozialen Netzwerk gepostet hat. Stimmst du den Aussagen zu? Fehlt etwas? Gibt es auch Vorteile von sozialen Medien? Notiere dein Ergebnis und diskutiert dann in der Klasse.

Gefahren von sozialen Medien

1. Soziale Medien sind gefiltert und nicht die Realität!

Du vergleichst dich selbst mit den geschönten Darstellungen anderer Personen.

⇨ Einfluss auf das Selbstbewusstsein

2. Deine Bedürfnisse werden vernachlässigt!

Du verbringst viel Zeit auf sozialen Netzwerken.

⇨ Weniger Zeit für echte soziale Kontakte, Sport, kreative Projekte, Schlaf

3. Social Media kann süchtig machen!

Du wirst belohnt durch die Aufmerksamkeit.

⇨ Angenehme Erfahrungen möchte man wiederholen und bemüht sich um noch mehr Likes etc.

b) Verfasse eine kurze Stellungnahme, inwiefern soziale Medien eine Gefahr für Jugendliche darstellen.

Mit sozialen Medien verantwortungsvoll umgehen

10 a) Überlege gemeinsam mit einer Partnerin oder einem Partner, wie ein verantwortungsvoller Umgang mit sozialen Netzwerken aussehen könnte. Stellt hierzu ein paar Regeln auf (mindestens 3).

b) Besprecht die Ergebnisse anschließend in der Klasse. Welche Regeln möchtest du ergänzen?

11 a) Kreuze die Aussagen an, die auf dich zutreffen.

- ☐ Ich hatte schon mal den Eindruck, zu viel Zeit vor dem Bildschirm zu verbringen.
- ☐ Ich hatte schon mal das Gefühl, ich müsste den Konsum von sozialen Medien verringern.
- ☐ Einer meiner ersten Gedanken nach dem Aufstehen ist es, auf das Smartphone zu gucken, um Nachrichten und Neuigkeiten zu checken.
- ☐ Jemand aus meinem Umfeld hat mir schon mal gesagt, dass ich zu viel Zeit am Smartphone oder Tablet verbringe.
- ☐ Ich verbringe nur wenig Zeit auf Social Media.
- ☐ Ich poste nur ungern Beiträge auf sozialen Medien.
- ☐ Ich habe kein Profil auf einem sozialen Netzwerk.

b) Vergleicht eure Ergebnisse untereinander. Was fällt euch und eurer Lehrkraft dabei auf?

Ein Poster für eine Kampagne erstellen

P Erstellt ein Poster für eine Kampagne einer Organisation, die sich für Kinder und Jugendliche einsetzt. Ziel ist es, durch auffällige Poster, die sowohl Bilder als auch Texte enthalten dürfen, auf die Gefahren der Selbstdarstellung auf Social Media aufmerksam zu machen.

Was ihr dafür braucht:

1. Poster in DIN A3 oder größer
Ihr könnt das Poster entweder digital oder analog erstellen. Für die digitale Variante ist es notwendig, dass ihr eine passende Software habt, z. B. ein Textverarbeitungsprogramm oder ein Programm, mit dem man Layouts erstellen kann. Bei der digitalen Variante ist zudem zu beachten, dass Standarddrucker höchstens auf A3 ausdrucken können. Das müsst ihr insbesondere bei der Auswahl der Schriftgröße beachten. Wenn ihr das Poster nicht ausdruckt, sondern nur digital verwendet, ist die Papiergröße nicht mehr so relevant.
Ihr könnt euch auch ein Erklärvideo dazu ansehen: Wie erstelle ich ein Lernplakat? Video: WES-04555-001

2. Fotos oder selbst gezeichnete Bilder
Bei Fotos muss man selbstverständlich immer das Copyright beachten. Stockfotos kann man kaufen und für solche Zwecke verwenden, es gibt aber auch eine Reihe von Bildplattformen, die ihre Fotos gemeinfrei anbieten. Diese Bilder kann man kostenfrei verwenden. Unproblematischer ist es, wenn ihr Bilder selbst zeichnet. So könnt ihr darauf auch genau das abbilden, was euch wichtig ist, und seid nicht darauf angewiesen, was es schon gibt. Mit einem Smartphone könnt ihr auch Bilder von euch selbst erstellen. Beachtet hierbei aber das Recht am eigenen Bild, also dass niemand gegen seinen Willen fotografiert werden darf, und sprecht mit eurer Lehrkraft über die Regeln, die diesbezüglich an eurer Schule gelten.

3. Kurze, prägnante Texte
Überlegt euch zunächst eine Message, also was ihr auf dem Poster vermitteln wollt. Es ist sinnvoll, nur über eine Gefahr konkret aufzuklären, statt zu versuchen, alle Gefahren auf einem Poster darzustellen. Ihr könnt euch aber auch in der Klasse absprechen und die Themen aufteilen, so dass alle Gefahren abgedeckt sind. Wenn ihr auch noch ein paar prägnante Stichpunkte oder kurze Texte auf dem Poster ergänzt, so wird deutlich, was ihr herüberbringen wollt.

Wenn möglich, könnt ihr die Plakate im Schulhaus aufhängen und so eure Mitschüler/-innen über die Gefahren von Social Media aufklären.

Ihr könnt euch in der Klasse auch auf eine gemeinsame Wirkung einigen (z. B. die Poster sollen witzig sein).

Schon alle Likes beisammen?

Pinocchio lässt grüßen ...

Was habe ich gelernt? Was muss ich noch lernen?

Erkläre kurz, warum sich viele Menschen in sozialen Netzwerken besonders positiv darstellen.

Erkläre, was man unter Selbstkontrolle versteht.

Welche Tipps würdest du jemandem geben, der seinen Medienkonsum reduzieren möchte?

Lies die folgenden Sätze und überlege, wie fit du schon bist. Kreuze an.

Ich kann …	☺	😐	☹
… ein Poster (digital) erstellen.			
… Fotos oder eigene Zeichnungen einfügen.			
… kurze und prägnante Texte für ein Poster schreiben.			
… ein digitales Poster in verschiedenen Dateiformaten abspeichern.			

Fake News

Was erwartet dich?

In diesem Projekt lernst du …
- was Fake News sind und warum sie großen Schaden anrichten können.
- warum es Fake News überhaupt gibt und welche Formen sie haben können.
- wie sich Fake News entlarven lassen.
- wie du eine Aufklärungsbroschüre über Fake News erstellst.

Lies dir die Texte a)–d) und die Info-Box auf der nächsten Seite durch. Überlege, welcher Begriff (Fake News, Falschmeldung, Desinformation, alternative Fakten) zu der im Text a)–d) jeweils beschriebenen Situation am besten passt.

a) Die Sprecherin des russischen Außenministeriums, Maria Sacharowa, behauptete im Frühjahr 2022 mehrfach, dass Russland in der Ukraine keine Städte bombardiere. Bilder, die dies zeigen, seien manipulierte Videos aus NATO-Ländern. Die Bombardierung ziviler Ziele durch das russische Militär wurde von verschiedenen Seiten – unter anderem von den Vereinten Nationen – dokumentiert und gilt als bewiesen.

b) Am 30. März 2022 wurde in der ZDF-Nachrichtensendung „heute journal" über die Rückkehr von Astronauten von der Internationalen Raumstation (ISS) auf die Erde berichtet und gesagt: „Die Crew ist gelandet, in Kasachstan, Russland." Tatsächlich ist Kasachstan jedoch ein eigenständiger Staat und gehört nicht zu Russland. Das ZDF hat diesen Fehler auf seiner Internetseite in der Rubrik „Korrekturen" aufgelistet.

Quelle: Korrekturen – heute journal, 30. März 2022. Mainz: Zweites Deutsches Fernsehen.
https://www.zdf.de/nachrichten/heute/korrekturen-104.html
(Zugriff: 23.01.2023) (verändert)

c) In sozialen Netzwerken wurde tausendfach die Nachricht verbreitet, Bill Gates habe das Corona-Virus in die Welt gesetzt, um dann mit Hilfe von Impfungen Menschen Mikrochips einzupflanzen.

d) Am 14. November 2020, elf Tage nach den Präsidentschaftswahlen in den USA, versammelte sich eine große Zahl von Demonstranten in Washington. Sie behaupteten, Donald Trump habe die Wahl gewonnen. Donald Trumps Pressesprecherin, Kayleigh McEnany, gab an diesem Tag über Twitter bekannt, dass es sich dabei um mehr als 1 Million Demonstranten gehandelt habe. Dieser Tweet wurde über 50.000 Mal geteilt. Die exakte Zahl an Demonstranten lässt sich nicht ermitteln, jedoch waren sich die Medien einig, dass sich damals nur mehrere Tausend Demonstranten versammelten.

Fake News

Unter Fake News versteht man in den Medien, insbesondere in sozialen Netzwerken verbreitete Nachrichten, Informationen oder Behauptungen, die nicht mit der Faktenlage übereinstimmen und damit unwahr oder zum Teil unwahr sind. Fake News werden in der Regel in der gleichen Weise präsentiert wie glaubwürdige Nachrichten oder Informationen. Deshalb sind sie oft nicht leicht zu erkennen. Häufig werden Fake News mit der Absicht verbreitet, die Öffentlichkeit in eine Richtung lenken, um beispielsweise bei Wahlen bestimmte Ergebnisse zu erzielen. Mit der Verbreitung von Fake News können auch wirtschaftliche oder finanzielle Ziele verfolgt werden, zum Beispiel indem Internetnutzer dazu verleitet werden, auf Links zu klicken und bestimmte Seiten zu besuchen.

Falschmeldung

Der Begriff „Falschmeldung" meint Meldungen in den Medien, insbesondere in Zeitungen, die nicht zutreffend oder fehlerhaft sind. Falschmeldungen entstehen in der Regel, weil der Autor oder die Autorin der Meldung nicht gewissenhaft genug gearbeitet hat. Heutzutage haben Journalistinnen und Journalisten oft wenig Zeit für das Verfassen einer Meldung. Falschmeldungen kommen also nicht selten vor, werden aber in der Regel erkannt und dann auch von der Zeitung in der nächsten Ausgabe korrigiert.

Desinformation

Desinformation ist die Bezeichnung für das gezielte und absichtliche Verbreiten falscher Nachrichten und Meldungen. Häufig werden solche falschen Nachrichten von staatlichen Einrichtungen wie Geheimdiensten oder über manipulierte Medien verbreitet. Desinformation hat in der Regel das Ziel, andere zu täuschen, um z. B. politische Ereignisse wie Wahlen oder militärische Ereignisse wie Kriege zu beeinflussen. Man geht davon aus, dass die meisten Staaten in bestimmten Situationen Desinformation betreiben.

Alternative Fakten

Der Begriff „alternative Fakten" wurde zum ersten Mal von Kellyanne Conway in einer politischen Talkshow 2017 benutzt. Sie arbeitete damals als Beraterin für den US-amerikanischen Präsidenten Donald Trump. Der Moderator der Sendung fragte Conway damals, warum der Pressesprecher des Weißen Hauses behauptet habe, zu der Amtseinführung von Präsident Trump seien so viele Menschen wie bei keiner anderen Amtseinführung zuvor gekommen. Conway nannte die vom Pressesprecher vorgetragenen Zahlen dann „alternative Fakten". In Deutschland und Österreich wurde der Begriff zum Unwort des Jahres 2017 gewählt. Für die Jury bezeichnet der Begriff den Versuch, falsche und nicht belegbare Behauptungen in öffentlichen Diskussionen so zu verwenden, dass sie nicht als Lügen erscheinen, sondern als eine andere Sichtweise.

1 Kreuze für die vier Begriffe jeweils an, welche Merkmale auf sie zutreffen.

Merkmale	Fake News	Falschmeldung	Desinformation	Alternative Fakten
Der Inhalt stimmt nicht mit der echten Faktenlage überein.				
Die Meldung wird gezielt und mit Absicht verbreitet.				
Die Verbreitung findet in erster Linie über soziale Netzwerke statt.				
Der Begriff selbst wird von seriösen, glaubwürdigen Medien nicht verwendet.				

Warum gibt es Fake News?

Fakt oder Fake? Manchmal ist das gar nicht so leicht zu erkennen. In Social Media verbreiten sich Falschnachrichten sehr schnell, denn es ist besonders leicht, sie hier zu teilen. Auch Influencer, also Menschen mit einer hohen Reichweite, können dazu beitragen, dass solche Fake News sich wie ein Lauffeuer weiterverbreiten, denn auch die Follower teilen solche Posts dann gerne. Wenn Menschen, die ein hohes Ansehen oder einen guten Ruf haben, etwas teilen, dann schenkt man den Neuigkeiten meist Glauben und hinterfragt sie erst mal nicht.

Fake News sind aber keine Erfindung des Internetzeitalters – schon immer hat es Falschnachrichten gegeben. Man denke nur an die unbedacht mündlich weitergetragenen Gerüchte oder die klassische Zeitungs-Ente, bei der es Falschnachrichten sogar über Redaktionen hinweg in die Zeitung gebracht haben. Durch das Internet hat sich aber die Reichweite dieser Nachrichten stark erhöht – nie war es leichter, Informationen in der Welt zu streuen und so viele Menschen auf einmal damit zu erreichen.

Mit dem Teilen der Falschnachrichten werden nicht immer konkrete Ziele verfolgt. Den Teilenden ist die problematische Natur der Inhalte manchmal gar nicht bewusst, es ist ihnen egal oder sie finden die dargebotenen Informationen einfach spannend. Doch es gibt auch Menschen, die bewusst Falschinformationen verbreiten. Sei es aus Unterhaltungszwecken (wie es beispielsweise bei Aprilscherzen der Fall ist) oder um die Aufmerksamkeit zu nutzen, die man durch das Teilen solcher irritierenden Nachrichten erhält. Manchmal werden solche Fake News auch gezielt dazu genutzt, um Stimmung gegen eine bestimmte Person (z. B. einen Politiker oder eine Politikerin) oder eine bestimmte Sache zu machen (sogenannte „Desinformationskampagnen“). Gerade in den sozialen Medien können sich politische Falschmeldungen rasend schnell verbreiten und zu viel Unmut bis hin zu Hass-Nachrichten führen.

Wenn die Nachrichten glaubwürdig und authentisch erscheinen und von vielen Menschen geteilt werden, können sie die Meinungen und Einstellungen der Leserinnen und Leser beeinflussen. Es ist wichtig, dass man gut nachdenkt, bevor man Inhalte teilt, und Informationen nicht einfach ungeprüft weitergibt, insbesondere wenn man im Internet über eine hohe Reichweite verfügt. Denn wenn eine Falschnachricht viele Menschen erreicht, kann sie ihren negativen Einfluss besonders gut entfalten. Jede(r) Nutzer(in) in den sozialen Netzwerken steht somit in der Verantwortung, sich bewusst mit den Inhalten auseinanderzusetzen und zu überlegen, was er oder sie dort teilt.

2 a) Ist es dir schon einmal passiert, dass du falsche Informationen weitergegeben hast? Wenn ja, wie ist es dazu gekommen? Wie ist dir aufgefallen, dass es sich um Fake News handelt? Tauscht euch in der Klasse aus und beschreibt eine der Situationen kurz.

b) Welche Absichten könnten hinter dem Verbreiten falscher Informationen stehen? Lies dir noch einmal den Text durch und überlege weitere Beispiele.

Fake News bestehen nicht nur aus Texten – Formen von Fake News

Man schätzt, dass pro Jahr weltweit über eine Billion Fotos aufgenommen werden. Fotografen und Fotografinnen entscheiden bei jedem Bild bewusst oder unbewusst, was sie auf dem Foto zeigen und was sie – durch geschickte Wahl des Bildausschnitts, der Perspektive oder des Aufnahmezeitpunkts – nicht mit ihrem Bild zeigen wollen. Vielleicht ist es dir auch schon einmal aufgefallen – wenn man zum Beispiel nach Ferienhäusern für den Urlaub sucht, liegen diese nie an vielbefahrenen Schnellstraßen oder in der Nähe von Industriegebieten – und die Natur darum herum ist oft unberührt, die Strände menschenleer. Ist man dann vor Ort, stellt sich die Wirklichkeit oft nicht ganz so paradiesisch dar.

Der Übergang zwischen einem geschickten Bildausschnitt und einer bewussten Manipulation kann dabei fließend sein. Fotos können inszeniert werden, sie zeigen dann nicht mehr einen Ausschnitt der Realität, sondern eine bewusste Anordnung von Dingen oder Personen, um damit eine bestimmte Bildwirkung zu erzielen. Während zu Zeiten der analogen Fotografie noch Aufwand und Können notwendig waren, um Bilder überzeugend zu verändern, lässt sich dies heute mit Computerprogrammen relativ leicht umsetzen. Wer das nicht weiß, ist besonders anfällig für digitale Manipulationen – denn wir glauben gern, dass etwas wahr ist, weil wir es „mit eigenen Augen" gesehen haben.

Aber nicht nur der Fotograf oder die Fotografin selbst gestaltet bewusst sein oder ihr Bild, auch die künstliche Intelligenz im Hintergrund führt oft ungefragt Bildkorrekturen durch, ohne dass das dem Fotografen/der Fotografin oder den Betrachter(inne)n bewusst ist: Gesichter wirken harmonischer, weil sie weichgezeichnet werden, Landschaften schöner, weil die Farben bunter sind und das Blau des Himmels verstärkt wird. Fotografien bilden also längst nicht mehr die Wirklichkeit ab – und haben es vermutlich auch noch nie getan.

Computerprogramme sind inzwischen in der Lage, selbst Videos von Personen (insbesondere ihre Gestik und Mimik) so überzeugend zu imitieren, dass man Menschen in völlig neuen Situationen zeigen und ihnen Worte in den Mund legen kann, die sie niemals gesagt haben. Durch diese sogenannten Deep Fakes wird das Überprüfen von Bild-, Ton- und Filmmaterial auf ihre Echtheit immer schwieriger. Selbst berühmte Personen wie Barack Obama oder Mark Zuckerberg sind von solchen Deep Fakes schon getroffen worden. Sie können großen Schaden anrichten.

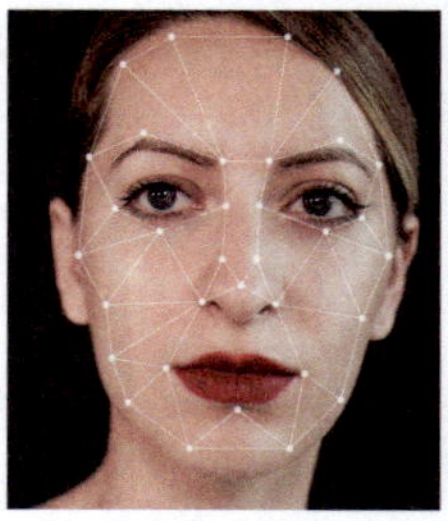

3 a) Was ist die besondere Problematik bei manipulierten Fotos und Videos?

b) Siehst du Möglichkeiten, auch Fotos und Videos auf ihre Echtheit zu überprüfen? Wie könntest du dabei vorgehen?

4 Recherchiert, wie Deep Fakes erstellt werden. Notiert eure Funde stichpunktartig.

Wie lassen sich Fake News entlarven?

1. Ist eine Information einleuchtend?
Deckt sich eine (für dich) neue Information mit deinem Vorwissen, deinen Erfahrungen und anderen Informationen, die du zu dem Thema bereits hast? Je unwahrscheinlicher eine Information klingt, desto wahrscheinlicher ist sie unwahr.

2. Wer hat dir die Information zukommen lassen?
Wenn du persönlich eine Nachricht bekommst, prüfe, wer sie dir geschickt hat: Ist die Person vertrauenswürdig und dir persönlich bekannt? Hat sie das Geschilderte selbst erlebt oder beobachtet? Oder handelt es sich um ein Foto, einen Text oder ein Video, das schon viele hundert oder tausend Male geteilt worden ist?

3. Aus welcher Quelle sind die Informationen?
Es ist immer gut zu wissen, wer eine Information zuerst veröffentlich hat – eine Zeitungsredaktion, eine Privatperson oder eine Firma? Wenn du Informationen auf einer Homepage findest, lohnt sich ein Blick in das Impressum: Dort wird der bzw. die Verantwortliche für den Inhalt der Homepage benannt. Wenn es kein Impressum gibt, kannst du ziemlich sicher davon ausgehen, dass die Seite nicht seriös ist.

4. Welche Interessen könnten die Verfasser der Information an einer Verbreitung haben?
Informationen müssen nicht völlig falsch sein, aber sie können einseitig sein und von Interessen des Verfassers bzw. der Verfasserin geprägt sein. Daher solltest du stets im Blick haben, wer ein Interesse an der Verbreitung einer Information haben könnte.

5. Gibt es weitere Quellen, die diese Information bestätigen?
Wenn etwas Spannendes, Spektakuläres oder Ungewöhnliches auf der Welt passiert, bleibt es – nicht zuletzt wegen des Internets – selten lange unbemerkt. Dann berichten in der Regel auch verschiedene Quellen davon.

6. Passen Bilder oder Videos zu den Informationen im Text?
Oft werden Bilder und Texte miteinander kombiniert, um die Glaubwürdigkeit einer Information zu erhöhen. Bei Fake News passt das Beschriebene und das Gezeigte aber nicht immer zusammen. Daher lohnt es sich, die Elemente einer Information auf ihre Stimmigkeit zu überprüfen: Stimmen die Ortsangaben, das Wetter, die beschriebene Situation zu der abgebildeten? Auch die Rückwärtssuche der Suchmaschinen kann dabei helfen herauszufinden, wo und in welchem Zusammenhang ein Bild bereits verwendet worden ist – und wie lange es schon im Internet verfügbar ist.

7. Gibt es einen größeren Zusammenhang zu einer Information?
Manchmal kommt es vor, dass Informationen aus einem größeren Zusammenhang gerissen werden und so eine neue Bedeutung bekommen. Das passiert immer wieder Politikerinnen und Politikern, deren Überzeugungen nur an einem bestimmten Satz, einer konkreten Aussage festgemacht werden – unabhängig davon, was sie im Zusammenhang noch zu dem Thema gesagt oder geschrieben haben.

8. Wie stehst du selbst zu der gefundenen Information?
Du findest etwas ungerecht, hast vor etwas Angst oder wünschst dir, dass bestimmte Dinge eintreffen oder keinesfalls passieren? Du solltest dir deiner eigenen Hoffnungen und Wünsche bewusst sein, denn sie führen bei uns Menschen oft dazu, dass wir vor allem die Informationen auswählen, die zu unserem Weltbild passen.

9. Haben schon andere die Informationen überprüft?
Auch wenn du jede Information von anderen gewissenhaft prüfst, kannst du nie völlig sicher sein, dass sie wahr ist und einen Sachverhalt korrekt und angemessen darstellt. Gerade bei aktuellen und sehr umstrittenen Themen gibt es auch Internetangebote, die sich mit dem Wahrheitsgehalt von Nachrichten und Informationen beschäftigen – die sogenannten Faktenchecker. Sie wollen dabei helfen, Informationen richtig einzuordnen.

5 a) Lies den Text auf der vorherigen Seite. Welche Tipps findest du besonders hilfreich?

b) Gibt es Quellen (im Internet und auch außerhalb), die du für besonders vertrauenswürdig hältst? Begründe.

c) Ist dir schon einmal eine offensichtliche Falschnachricht untergekommen? Woran hast du das erkannt?

6 a) Geht gemeinsam ins Internet. Ruft die Seite einer Suchmaschine auf. Gebt das Suchwort „Faktencheck" ein und ruft eine Seite zum Faktencheck auf. Welche Falschnachrichten kursieren zurzeit? Schreibt drei Beispiele auf.

b) Sucht euch eine der Falschnachrichten aus und klärt folgende Fragen dazu:

Frage	Antwort
1. Um welche Falschmeldung handelt es sich?	
2. Wie kam sie zustande?	
3. Welche Medien (Text, Bild, Film) wurden verwendet?	
4. Über welche Quellen wurde sie verbreitet?	
5. Was konntest du über die Verfasser(innen) in Erfahrung bringen?	
6. Welche Auswirkungen hatte die Verbreitung dieser Falschnachricht?	

Manipulation durch Statistiken

Häufig werden Zahlen genutzt, um eine Aussage zu unterstützen. Aber mit Hilfe von Zahlen kann man Personen auch manipulieren. Dabei muss es sich gar nicht um falsche Zahlen handeln. Eine geschickte Auswahl und Darstellung von echten Zahlen kann dazu führen, dass man andere in die Irre führt.

7 a) Sieh dir die beiden Diagramme an. Sie zeigen im Prinzip die gleichen Werte. Notiere, welchen Eindruck die Leserinnen und Leser von Diagramm 1 (oben) und Diagramm 2 (unten) haben könnten.

Umsatz meines Social Media Accounts

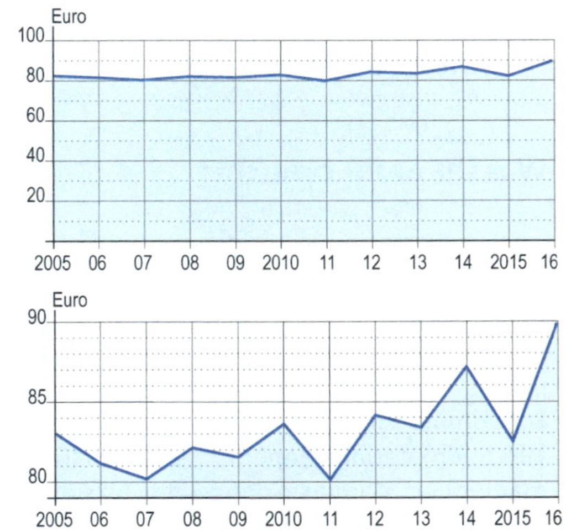

b) Drei Schüler einer Klasse wollen herausfinden, wer für im Internet gepostete Fotos mehr Likes bekommt. Sie vereinbaren, dass sie in den nächsten fünf Wochen jeden Freitag um 14:00 Uhr ein Foto posten. Nach sechs Wochen wollen sie sehen, wer am erfolgreichsten ist. Die Tabelle zeigt alle Daten.

	Woche 1	Woche 2	Woche 3	Woche 4	Woche 5
1. Luca	200	330	250	350	300
2. Cem	180	100	280	100	360
3. Artur	190	350	180	340	150

Nutze ein Tabellenkalkulationsprogramm, um vier verschiedene Schaubilder für die Zahlen zu basteln, die jeweils ein anderes Bild über die Zahlen vermitteln – ohne dass die Zahlen falsch sind. Du kannst dir dazu auch ein Erklärvideo ansehen: Wie erstelle ich digital ein Diagramm? Video: WES-04555-001

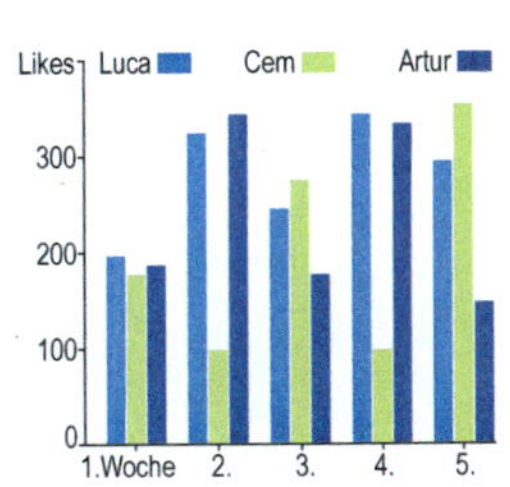

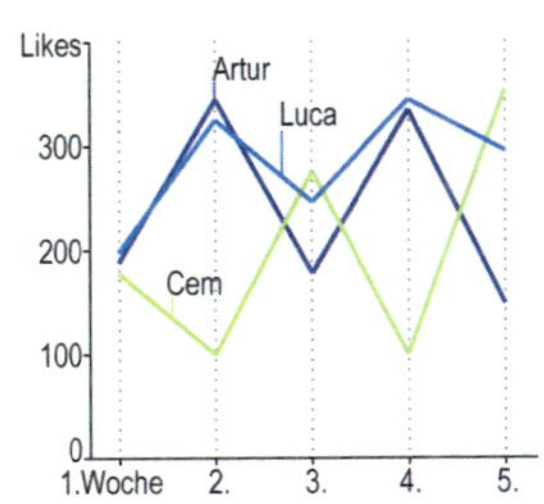

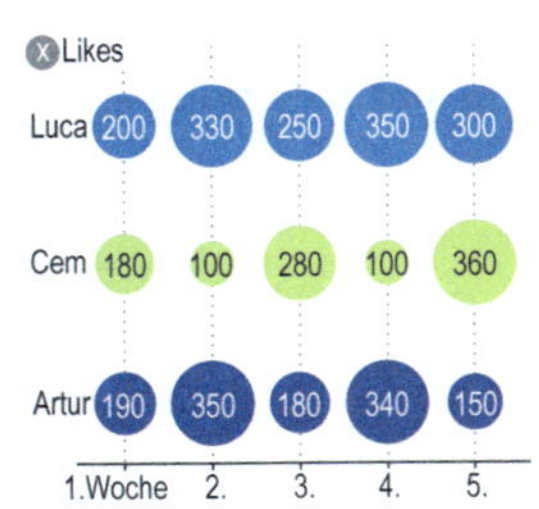

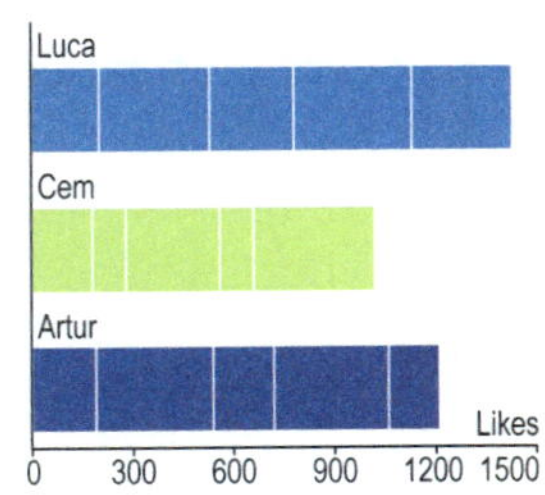

c) Vergleicht eure Ergebnisse miteinander. Was fällt euch auf?

Eine Aufklärungsbroschüre über Fake News erstellen

P Erstellt eine Broschüre, die über Fake News aufklärt und folgende Fragen beantwortet:

1. Was sind Fake News und warum können sie großen Schaden anrichten?
2. Wie können wir Fake News erkennen?
3. Wie kann man Fakten, Bilder, Videos, Tonaufnahmen und Statistiken manipulieren?
4. Wo kann ich mich informieren, ob eine Nachricht richtig oder falsch ist?

Was ihr dafür braucht:

1. Die Informationen aus diesem Kapitel
Geht noch einmal die Texte und die Antworten auf die Fragen durch. Sammelt die Informationen stichpunktartig. Ihr könnt sie z. B. in einer Ideensammlung darstellen. Offene Fragen könnt ihr online recherchieren und hiermit eure Informationen ergänzen.

2. Bildmaterial
Mit Bildmaterial könnt ihr veranschaulichen, wie man falsche Informationen darstellt oder wie man Medien manipuliert, damit sie das zeigen, was man möchte. Ihr könnt auch Daten vom Statistischen Bundesamt oder einem Landesamt verwenden, um anhand von Statistiken zu zeigen, wie man Darstellungen manipulieren kann. Ebenso könnt ihr mit Bildbearbeitungsprogrammen zeigen, wie man bestimmte Ausschnitte aus Fotos verwenden kann, um etwas aus dem Kontext zu nehmen. Darüber hinaus könnt ihr eigene Zeichnungen erstellen.

3. Texte
Formuliert sachliche Texte, um die Informationen darzustellen und zu erklären. Ihr könnt auch Infografiken, Flowcharts oder Ähnliches erstellen.

4. Ein Textverarbeitungsprogramm
Nutzt ein Textverarbeitungsprogramm, um eure Broschüre zu erstellen. Viele Programme bieten die Möglichkeit, Vorlagen zu nutzen. Wenn dies bei eurem Programm der Fall ist, schaut euch die Vorlagen an und prüft, ob ihr sie nutzen möchtet.

Ihr könnt euch dazu auch ein Erklärvideo ansehen: Wie schreibe ich einen Text am Computer oder Tablet?
Video: WES-04555-001

5. Einen Drucker
Druckt eure Broschüren aus und stellt sie euch gegenseitig vor.

Was habe ich gelernt? Was muss ich noch lernen?

Erkläre kurz, was Fake News sind.

Notiere in Stichpunkten, wie du überprüfen würdest, ob eine Nachricht Fakt oder Fake ist.

Erkläre, wie man mit Hilfe von Statistiken manipulieren kann.

Lies die folgenden Sätze und überlege, wie fit du schon bist. Kreuze an.

Ich kann …	☺	😐	☹
… ein Diagramm digital erstellen.			
… ein Diagramm so bearbeiten, dass eine von mir gewünschte Wirkung erzielt wird.			
… sachliche Texte für eine Informationsbroschüre schreiben.			
… eine Broschüre digital erstellen.			

Künstliche Intelligenz (KI)

Was erwartet dich?

In diesem Projekt lernst du …
- was künstliche Intelligenz bedeutet und was sie leisten kann.
- wie sich menschliche Intelligenz von künstlicher Intelligenz unterscheidet.
- Chancen und Gefahren von künstlicher Intelligenz kennen.
- wie künstliche Intelligenz die Arbeitswelt verändern kann.
- wie du in Gruppenarbeit eine digitale Mindmap erstellst.

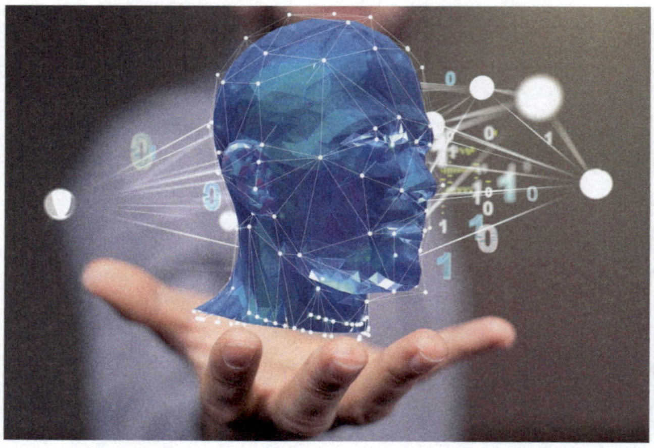

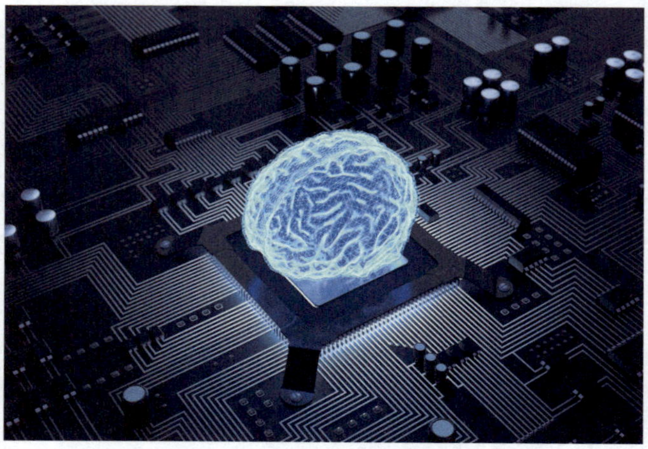

Was ist künstliche Intelligenz (KI)?

„Künstliche Intelligenz meint die Übertragung von menschlichem Lernen und menschlichem Denken auf Computer. Dabei ist das Besondere, dass man den Computern nicht mehr bestimmte Regeln händisch einprogrammiert, sondern dass die Computer die Regeln selbst lernen. Und im Allgemeinen unterscheidet man dabei zwischen starker und schwacher KI. Schwache KI meint eben ein Computerprogramm, das Regeln dafür hat, wie man mit einem bestimmten Problem intelligent umgehen kann, während starke KI eine allgemeine Problemlösungsfähigkeit bezeichnet. Dass Computer das erlernen, ist allerdings noch Zukunftsmusik.“ (Thilo Hagendorff)

1 Lies die Definition von künstlicher Intelligenz (KI) und fülle die folgende Mindmap aus.

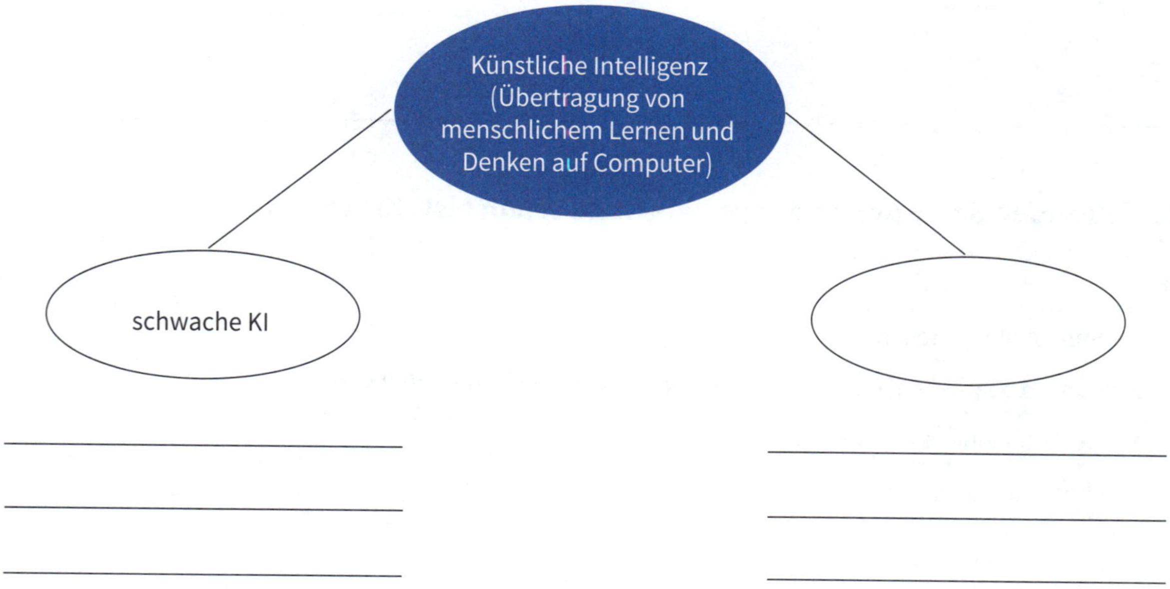

Menschen und Maschinen

Thilo Hagendorff arbeitet als KI-Forscher am Exzellenzcluster „Maschinelles Lernen“ an der Universität Tübingen. In seiner Forschung beschäftigt er sich unter anderem mit ethischen Fragen zu künstlicher Intelligenz und mit Tierethik. Er ist Autor mehrerer Fachbücher und zahlreicher wissenschaftlicher Artikel.

2 Höre dir die Audiobeiträge von Thilo Hagendorff an und notiere wichtige Aspekte zu den folgenden Fragen.
Audios: WES-04555-008

a) Sind Maschinen intelligent?

b) Wie unterscheidet sich menschliche Intelligenz von künstlicher Intelligenz?

c) Werden Maschinen in Zukunft so intelligent sein wie Menschen?

d) Wird KI die Herrschaft über die Menschen übernehmen?

Chancen und Risiken von KI

3 Recherchiert im Internet, wo künstliche Intelligenz euch im Alltag begegnen kann. Gebt dazu „KI Alltag" in eine Suchmaschine ein. Schaut euch drei Suchergebnisse genauer an. Notiert in Stichpunkten euren Kontakt mit KI im Alltag.

Wenn ihr Hilfe benötigt, hört euch zunächst folgenden Audiobeitrag von Thilo Hagendorff an:

Wo kommt KI im Alltag vor? Audio: WES-04555-009

4 Der Einsatz von künstlicher Intelligenz kann positive und negative Auswirkungen haben. Gehe mit einem Partner oder einer Partnerin zusammen und bearbeitet die folgenden Aufgaben zu zweit. Eine/r von euch befasst sich mit den Chancen des Einsatzes von KI, der/die andere mit den Risiken des Einsatzes von KI.

a) Hört euch den entsprechenden Audiobeitrag von Thilo Hagendorff an.

Welche Chancen bietet der Einsatz von KI? Audio: WES-04555-010

Welche Risiken gehen von KI aus? Audio: WES-04555-011

b) Notiert in Stichpunkten, welche Chancen/Risiken genannt werden.

c) Jede/r von euch wählt einen der genannten Aspekte aus und recherchiert dazu weitere Informationen im Internet. Sucht jeweils einen Artikel aus und notiert, welche Argumente und Beispiele genannt werden.

d) Stellt euch gegenseitig eure Rechercheergebnisse vor.

5 Recherchiere weitere Informationen über Chancen bzw. Risiken von künstlicher Intelligenz im Internet. Überlege, mit welchen Suchbegriffen du besonders gute Ergebnisse finden kannst.

6 Stellt der Einsatz von künstlicher Intelligenz für den einzelnen Menschen und für die Gesellschaft eher eine Chance oder ein Risiko dar? Lies die Info-Box und verfasse eine persönliche Stellungnahme.

Wie verfasst man eine persönliche Stellungnahme?

In einer persönlichen Stellungnahme beziehst du Position zu einer kontroversen Streitfrage und legst deine Gründe dar, weshalb du dich in der Streitfrage so positionierst. In einer gelungenen Stellungnahme wird zudem auf verschiedene mögliche Einwände eingegangen, sodass das abschließende Urteil als ausgewogen gelten kann.

Die folgenden Schritte solltest du bei der Formulierung deiner Stellungnahme beachten:

1. Benennen der Streitfrage: „Bietet der Einsatz von KI mehr Chancen als Risiken?"
2. Formulieren des eigenen Urteils/Standpunkts:
   „Ich denke, dass KI mehr/weniger Chancen als Risiken ermöglicht."
   „Ich lehne die Behauptung ab, dass der Einsatz von KI ..."
3. Begründen der eigenen Meinung: Warum bin ich für/gegen die These?
4. Auf mögliche Einwände eingehen: Was könnten Gegner meiner Behauptung erwidern?
5. Eine Antwort auf den Einwand formulieren: Was könnte man auf den Einwand entgegnen, um sein eigenes Urteil zu verteidigen? Wie müsste das Urteil eventuell angepasst werden?

Der Einsatz von künstlicher Intelligenz – Chance oder Risiko?

Meine Stellungnahme:

Wie verändert KI die Arbeitswelt?

Die Arbeitswelt verändert sich stetig. Im Jahr 1950 waren zum Beispiel 24,6 % aller Erwerbstätigen in Deutschland im primären Sektor (Land- und Forstwirtschaft, Fischerei) tätig. Im Jahr 2019 waren es nur noch 1,3 %. Im gleichen Zeitraum stieg der Anteil der Erwerbstätigen im tertiären Sektor (Dienstleistungen) von 32,5 % auf 74,5 %.

7 Sieh dir das Schaubild an.

Erwerbstätige in Deutschland nach Wirtschaftssektoren

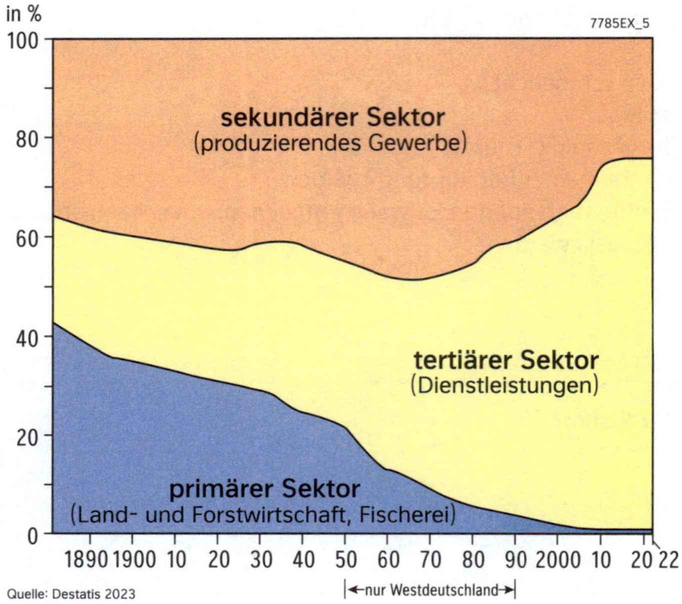

Quelle: Destatis 2023

a) Beschreibe die Entwicklungen in den einzelnen Sektoren zwischen 1880 und 2020.

b) Warum hat sich die Arbeitswelt so entwickelt? Überlege, welche Gründe es geben könnte, und notiere deine Ideen.

c) Welche Rolle spielt der Einsatz von künstlicher Intelligenz in der heutigen Arbeitswelt? Was denkst du? Schreibe deine Ideen auf und vergleiche anschließend mit einer Partnerin oder einem Partner.

8 Lies das folgende Gespräch zwischen einer Person und einem intelligenten Chatbot durch. Notiere kurz, wie künstliche Intelligenz die Arbeitswelt in der Zukunft verändern kann.

Künstliche Intelligenz und die Arbeitswelt der Zukunft

Wird KI die Arbeitswelt der Zukunft verändern?

Chatbot: Ja, KI wird die Arbeitswelt der Zukunft grundlegend verändern. Sie kann Menschen dabei unterstützen, ihre Arbeit schneller und effizienter zu erledigen, indem sie bestimmte Aufgaben automatisieren und Daten auswerten. Es ist jedoch wichtig zu berücksichtigen, dass KI auch die Art und Weise verändern kann, wie Menschen arbeiten, und dass es wichtig ist sicherzustellen, dass die Einführung von KI zu fairen Arbeitsbedingungen führt.

Kannst du ein Beispiel für Veränderungen im Bereich der Landwirtschaft nennen?

Chatbot: In der Landwirtschaft gibt es viele Aufgaben, die von KI unterstützt werden können. Ein Beispiel dafür wäre das automatisierte Pflanzen und Ernten von Feldfrüchten mit Hilfe von selbstfahrenden Traktoren und Robotern. Auch bei der Überwachung von Nutztieren und der Bewässerung von Feldern können KI-Systeme eingesetzt werden. KI-Analysen können auch dazu beitragen, den Ertrag von Landwirtschaftsbetrieben zu verbessern, indem sie Muster in Daten erkennen, die für menschliche Beobachter nicht erkennbar sind. Die Einführung von KI in der Landwirtschaft kann auch dazu führen, dass bestimmte Arbeitsplätze überflüssig werden.

Kann es auch zu Veränderungen im Dienstleistungssektor kommen?

Chatbot: Ja, auch im Dienstleistungssektor wird es durch die Einführung von KI zu Veränderungen kommen. Zum Beispiel könnten Chatbots oder Sprachassistenten dazu beitragen, Fragen von Kunden schneller zu bearbeiten und somit die Effizienz von Kundenservice-Abteilungen zu erhöhen. KI könnte auch bei der Analyse von großen Datenmengen helfen, um Muster zu erkennen, die für menschliche Analysten nicht sichtbar sind. In einigen Bereichen, wie zum Beispiel der medizinischen Diagnose, könnten KI-Systeme sogar in der Lage sein, Aufgaben besser zu erledigen als Menschen. Zum Beispiel bei der Analyse von Röntgenbildern.

Welche Arten von Arbeitsplätzen werden besonders von KI verändert? Welche nicht?

Chatbot: Es ist schwierig, generelle Aussagen darüber zu treffen, welche Arbeitsplätze besonders von KI verändert werden, da es darauf ankommt, wie KI in einem bestimmten Berufsfeld eingesetzt wird. In der Regel werden Arbeitsplätze, die sich auf die Ausführung von routinemäßigen Aufgaben oder die Verarbeitung von großen Datenmengen konzentrieren, stärker von KI beeinflusst werden als solche, die kreative oder soziale Fähigkeiten erfordern.

Es gibt auch einige Arbeitsplätze, die wahrscheinlich weniger von KI beeinflusst werden, da sie sehr spezifische Fähigkeiten oder Kenntnisse erfordern. Dazu gehören Berufe, die direkten menschlichen Kontakt erfordern, wie zum Beispiel Lehrer, Sozialarbeiter oder Krankenpfleger. Auch bei Berufen, die sehr komplexe oder unvorhersehbare Aufgaben erfordern, wird KI wahrscheinlich weniger eine Rolle spielen.

Notizen:

Eine digitale Mindmap erstellen

P Eine Mindmap ist eine gute Möglichkeit, um Ergebnisse zu strukturieren und zu visualisieren.
Arbeitet zu dritt im Team zusammen und erstellt gemeinsam als Gruppe eine digitale Mindmap zum Thema „Künstliche Intelligenz in der Arbeitswelt".

Vorbereitung:

Zur Vorbereitung eurer Projektarbeit in der Gruppe könnt ihr zunächst die Methoden-Seiten „Kollaboratives Arbeiten" im Anhang auf Seite 60–62 bearbeiten.

Wie ihr vorgeht:

Schritt 1: Hört euch zunächst die folgenden Audiobeiträge von Thilo Hagendorff zum Thema an.
Wie wird KI den Jobmarkt in Zukunft verändern?
Welche Jobs werden besonders durch KI betroffen sein?
Welche neuen Jobs werden durch den Einsatz von KI entstehen?

Audios: WES-04555-012

Schritt 2: Recherchiert im Internet arbeitsteilig Informationen zu verschiedenen Berufen. Welche Auswirkungen hat KI auf diesen Beruf? Ihr könnt beispielsweise folgende Begriffe in eine Suchmaschine eingeben: „Künstliche Intelligenz Beruf ..."

Schritt 3: Stellt euch gegenseitig eure Rechercheergebnisse vor. Überlegt gemeinsam, wie eure Mindmap strukturiert sein soll.

Schritt 4: Erstellt eine digitale Mindmap zum Thema „Künstliche Intelligenz in der Arbeitswelt" kollaborativ. Dazu könnt ihr verschiedene kostenlose Online-Tools verwenden, wie z. B. TeamMapper.
Diese Anwendung bietet mehrere Funktionen: Man kann gemeinsam mit anderen an der Mindmap arbeiten, die Mindmap farbig gestalten und auch Bilder einfügen.

Link zur Anwendung: WES-04555-013

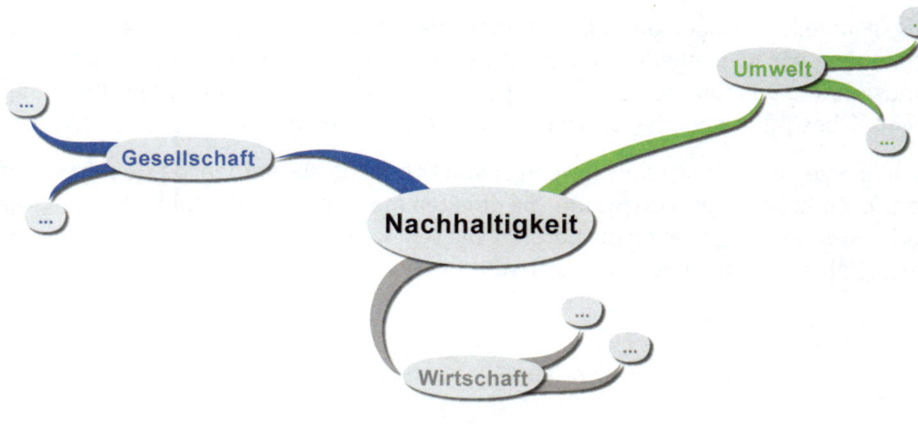

<u>Tipp</u>: Speichert den Link zu eurer Mindmap als Lesezeichen in eurem Browser ab und/oder speichert den entsprechenden QR-Code als Datei auf euren Geräten ab, damit ihr die Mindmap schnell und jederzeit wiederfindet.

Schritt 5: Am Ende der Projektarbeit präsentiert ihr der Klasse eure Mindmap.

Was habe ich gelernt? Was muss ich noch lernen?

Erkläre in eigenen Worten, was KI ist.

Nenne in Stichpunkten mögliche Chancen und Risiken von KI.

Spekuliere, wo und wie KI in deinem Leben in zehn Jahren eine Rolle spielen könnte.

Lies die folgenden Sätze und überlege, wie fit du schon bist. Kreuze an.

Ich ...	☺	😐	☹
... kann eine Mindmap digital erstellen.			
... kann mit anderen zusammen online an einer Mindmap arbeiten.			
... kenne den Unterschied zwischen Kooperation und Kollaboration.			

Kollaboratives Arbeiten

1 a) Lies den folgenden Text aufmerksam durch.

Kooperation und Kollaboration – Was ist das eigentlich?

Durch verschiedene Partner- und Gruppenarbeiten im Unterricht kennst du bestimmt schon das Wort „Kooperation“. Hierbei handelt es sich um eine Form der Arbeitsteilung, bei der einzelne Aufgaben innerhalb einer Gruppe verteilt und von unterschiedlichen Personen getrennt voneinander bearbeitet werden. Man spricht dann von einer **„aufgeteilten Zusammenarbeit“**. Am Ende werden die erarbeiteten Teilergebnisse der einzelnen Gruppenmitglieder zu einem Gesamtergebnis zusammengetragen. Das Ergebnis am Ende einer Gruppenarbeitsphase steht hier im Mittelpunkt.

Kollaborative Arbeitsweisen stellen eine Art Weiterentwicklung von kooperativen Methoden dar. Einzelne Personen arbeiten parallel an einem Arbeitsschritt oder an einer Aufgabe zusammen und verfolgen ein gemeinsames Ziel. Man spricht hier von einer **„gemeinsamen Zusammenarbeit“**. Nicht das Endprodukt, sondern vielmehr der Arbeitsprozess innerhalb der Gruppe steht bei dieser Methode im Mittelpunkt. Durch den Austausch mit anderen Gruppenmitgliedern wird die Kommunikation gefördert. Du lernst bei dieser Arbeitsweise, deine Ideen und Gedanken zu formulieren und anderen mitzuteilen. Durch den Austausch im Team lernen die Gruppenmitglieder gegenseitig voneinander. Du eignest dir Wissen an und lernst, Sichtweisen anderer Teammitglieder zu verstehen.

Für eine erfolgreiche Kollaboration muss sich die Gruppe selbst organisieren – Aufgaben müssen verteilt werden, aber auch Absprachen zwischen den Teammitgliedern sollten getroffen und eingehalten werden. Jedes Teammitglied übernimmt so Verantwortung für die gesamte Gruppe. Durch das Internet und dein Smartphone oder Tablet beispielsweise hast du sogar die Möglichkeit, über den Unterricht hinaus kollaborativ zu arbeiten. Mehrere Personen können beispielsweise gleichzeitig von unterschiedlichen Orten auf eine Datei in einer Cloud zugreifen und gemeinsam zeitgleich oder zu unterschiedlichen Zeiten an einem Text schreiben. Dies hat den Vorteil, dass du sehr flexibel arbeiten und dir deine „Arbeitszeit“ frei einteilen kannst. Außerdem sparst du dir unnötige Wartezeiten, da du nicht auf Teilergebnisse von anderen Teammitgliedern warten musst.

Kollaboration gehört neben der Kommunikation, der Kreativität und dem kritischen Denken zu einer grundlegenden Fähigkeit für die Zukunft. Sie bringt nicht nur im Schulalltag, sondern auch für dein späteres Berufsleben viele Vorteile und du bist so auf eine immer stärker digitalisierte (Arbeits-)Welt optimal vorbereitet.

Notizen:

b) Vervollständige den Lückentext, indem du die richtigen Wörter aus dem Kasten auswählst.

gemeinsamen • flexibel • Zeit • Arbeitsprozess • kooperativen • aufgeteilten • kollaborativen • Gesamtergebnis • getrennt • Zusammenarbeit

Kooperation und Kollaboration stellen zwei verschiedene Formen der ______________________ von mehreren Personen dar.

Werden die einzelnen Aufgaben innerhalb einer Gruppe verteilt und von unterschiedlichen Personen ______________________ voneinander bearbeitet, dann spricht man von einer ______________________ Arbeitsweise oder von einer ______________________ Zusammenarbeit. Am Ende werden alle Einzelergebnisse zu einem ______________________ zusammengeführt.

Arbeiten alle Gruppenmitglieder parallel an einer Aufgabe zusammen, spricht man von einer ______________________ Arbeitsweise oder von einer ______________________ Zusammenarbeit. Der ______________________ und der Austausch innerhalb der Gruppe sind bei dieser Methode besonders wichtig.
Das Internet und digitale Werkzeuge ermöglichen es, unabhängig von Ort und ______________________ zum Beispiel an einem Dokument in einer Cloud zusammenzuarbeiten. Somit hat man die Möglichkeit, ______________________ zu arbeiten und sich seine „Arbeitszeit“ frei einzuteilen.

2 Überlege, was du selbst dazu beitragen kannst, dass Kollaboration innerhalb einer Gruppe gelingt. Was solltest du tun? Was solltest du vermeiden? Trage die *Dos* and *Don'ts* stichwortartig in der Ich-Form in die Tabelle ein.

✓	✗

3 a) Kollaboration oder keine Kollaboration? Ordne die Beispiele aus dem Kasten jeweils in die richtige Spalte der Tabelle unten ein.

eine Klassenarbeit schreiben • gemeinsam Ideen sammeln („Brainstorming“) • eine Mindmap mit mehreren Personen erstellen • alleine Hausaufgaben machen • einen Podcast mit verschiedenen Sprecherinnen und Sprechern aufnehmen • ein Referat vor der Klasse halten

Kollaboration	keine Kollaboration

b) Kennst du weitere Beispiele für kollaboratives Arbeiten aus deinem Alltag (z.B. Schule, Sportverein, Freundeskreis, Familie, …)? Beschreibe die Beispiele in ein bis zwei Sätzen.

- ______________________________
- ______________________________
- ______________________________
- ______________________________

4 Gestalte ein Infoblatt zu den wichtigsten Regeln für eine erfolgreiche kollaborative Zusammenarbeit mit einem Programm deiner Wahl. Sei kreativ und verwende verschiedene Ikons, Symbole und Piktogramme sowie verschiedene Farben zur Visualisierung der einzelnen Regeln. Du kannst dir hierzu bei Bedarf noch einmal das Modul „Aus Daten wird Wissen! – Erstellung eines Infoblatts“ (Kapitel 1) anschauen.

Du kannst dir dazu auch zwei Erklärvideos ansehen: Wie erstelle ich ein Infoblatt? Wie schreibe ich einen Text am Computer oder Tablet?

Videos: WES-04555-001

Videos zur Medienbildung

Hier findest du eine Übersicht über die Videos zur Medienbildung, die du bei der Arbeit mit diesem Arbeitsheft einsetzen kannst. Du kannst dir die Erklärvideos jederzeit noch einmal ansehen. Scanne dazu einfach den QR-Code oder gehe auf www.westermann.de/webcode und gib den Webcode in das Suchfeld ein.

Videos: WES-04555-001

Modul 1/Seite 10:
Wie erstelle ich ein Infoblatt?

Modul 2/Seite 22:
Wie drehe ich ein Video?
Wie nehme ich ein Audio auf?

Modul 3/Seite 32:
Wie erstelle ich einen Podcast?
Wie nehme ich ein Interview auf?
Wie schneide ich ein Audio?

Modul 4/Seite 41:
Wie erstelle ich ein Lernplakat?

Modul 5/Seite 49:
Wie erstelle ich digital ein Diagramm?

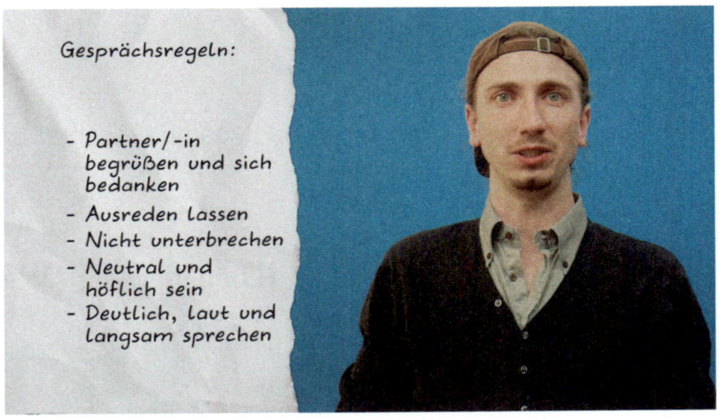

Modul 5/Seite 50:
Wie schreibe ich einen Text am Computer oder Tablet?

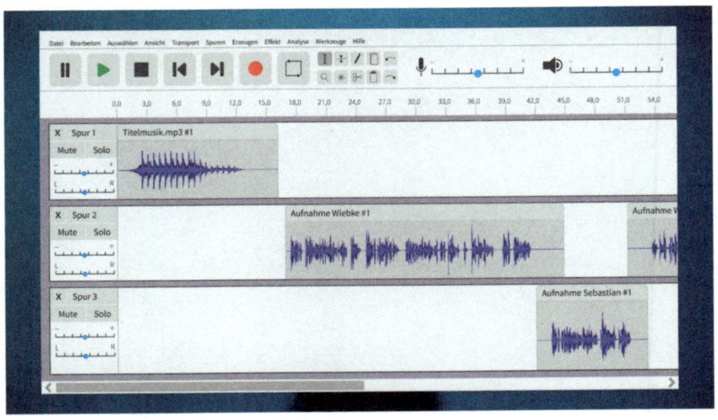

Hier findest du weitere Erklärvideos zu verschiedenen interessanten Themen. Um die Videos anzusehen, scanne einfach den QR-Code oder gehe auf www.westermann.de/webcode und gib den Webcode in das Suchfeld ein.

Videos: WES-04555-014

Wie plane ich einen Videodreh?

Wie schneide ich ein Video?

Wie animiere ich ein Video?

Typen von Erklärvideos

Tipps für ein gelungenes Erklärvideo

Wie drehe ich ein Experimentiervideo?

Wie erstelle ich eine digitale Präsentation?

Wie gestalte ich eine digitale Präsentation?

Wie halte ich einen Vortrag mit einer digitalen Präsentation?

Wie schreibe ich eine Bewerbung am Computer oder Tablet?